Illisibilité partielle

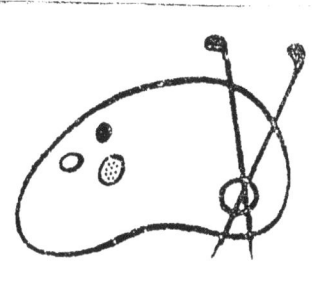

Début d'une série de documents en couleur

Valable pour tout ou partie du document reproduit

COLLECTION ARTHUR SAVAÈTE A 2 FR.

Politique et Littérature, Arts, Sciences, Histoire, Philosophie et Religion

ÉTUDES
SUR LA
Révocation de l'Edit de Nantes
EN LANGUEDOC

PAR

l'Abbé ROUQUETTE

TOME II

Les Poètes Cévénols

PARIS

ARTHUR SAVAÈTE, ÉDITEUR

76, RUE DES SAINTS-PÈRES, 76

Tous droits réservés

DIVERSES COLLECTIONS Arthur SAVAÈTE

Le Père Aubry et la réforme des Études ecclésiastiques, par Mgr Justin Fèvre . . 3 fr. »»
Désolation dans le Sanctuaire (La), par Mgr Justin Fèvre . . . . 3 fr. »»
Abomination dans le Saint Lieu (L'), par Mgr Justin Fèvre . . . . . 3 fr. »»
Charles Périn, le créateur de l'économie politique chrétienne, du même . . 3 fr. 50
Mystères sataniques de Lourdes (Les) à travers les âges par Mgr Léopold Goursat. in-8 . . . . 3 fr. 50
L'Histoire du droit canon gallican, par le R. P. At. In-8 . . . . 3 fr. 50
M. Emile Ollivier, sa vie, ses œuvres, son action politique, par Mgr Justin Fèvre. 3 fr. 50
Le Juif sectaire, par l'abbé Vial. 3 fr. 50
Jésus-Christ, prototype de l'Humanité, par C. N. et Mgr Justin Fèvre . . . 3 fr. 50
Origines de Notre-Dame de Lourdes (Les), par l'abbé Paulin Moniquet. 3 fr. 50
Roman d'un Jésuite (Le), par Beugny d'Hagnerue . . . . 3 fr. 50
La Dame blanche du Val d'Halid, par Arthur Savaète. . . . . 3 fr. 50
La Main noire, suite du précédent, par Arthur Savaète. . . . . . . 3 fr. 50
Grandeur et décadence des Français, par Gaston Routier . . . . 3 fr. 50
Le Mont Saint-Michel, « au Péril de la Mer », illustré, par E. Goethals . 8 fr. 50
Etude critique sur Bossuet, par le chanoine Davin. In-8 . . . . . 5 fr. »»
Les Juifs devant l'Eglise et l'histoire, par le R. P. Constant. In-8 . . 5 fr. »»
Joseph Reinach historien, revision de l'histoire de l'affaire Dreyfus, par Dutrait-Crozon, préface par Charles Maurras. In-8 5 fr. »»
Chinois et Chinoiseries, illustré, par Pol Korigan. In-8 . . . . 5 fr. »»
Rivales amies (Les), roman par Arthur Savaète. In-8 . . . . 5 fr. »»
Voyage chez les Anciens, ou l'économie rurale dans l'antiquité, par le chanoine Beaurredon. In-8 . . . . . 5 fr. »»
Rôle de la Papauté dans la Société, (Le), par le chanoine Fournier. In-8 . 5 fr. »»
Bulgarie aux Bulgares (La), par l'abbé Dupuy-Peyou, illustré. In-8 . . 5 fr. »»
Tyrol, Histoire et Légende (poésies), par le R. P. Ch. Clair S.-J. In-8 . 5 fr. »»
L'Allemagne, tome I. Le Catholicisme, par Mgr Justin Fèvre. In-8 . . . 6 fr. »»
L'Allemagne, tome II. Le Protestantisme et l'Empire. In-8 . . . . . 6 fr. »»
Le Pape et la Liberté, par le P. Constant In-8 . . . . 6 fr. »»
Le Cardinal Gousset, sa vie et ses œuvres, son influence, par M. le chanoine Gousset, In-8 avec portrait . . . . . 6 fr. »»

Les Vengeurs de la main noire, illustré, par Arthur Savaète. In-8 . . . 7 fr. 50
Fleur merveilleuse de Woxindon (La), par le P. Spillmann, traduit de l'allemand. In-8 . . . . 7 fr. 50
Origine et Progrès de l'éducation en Amérique, par Charles Barneaud. In-8 . 7 fr. 50
Alphonse XIII, roi d'Espagne, illustré, par Gaston Routier. In-8, jésus . 7 fr. 50
Sainte Marie-Madeleine d'après les Ecritures et la Tradition ; sa vie et son culte par l'abbé M. Sicard. 2 vol. in-8 . . 8 fr
Histoire de St-Vincent Ferrier, par le P. Fages. 2 forts vol. ill. Prix . 15 fr. »»
Les Représentants du Peuple en mission près les armées 1793-1897, d'après le dépôt de la Guerre, les séances de la Convention, les archives nationales, par Bonnal de Ganges, conservateur des archives au dépôt de la Guerre, 4 vol. in-8 . . . . . 32 fr. »»
Soirées Franco-Russes. — 1re Soirée : Mort tragique de Louis II. — 2e Soirée : Le drame de Meyerling. — 3e Soirée : Boërs et Afrikanders ; les 3 Soirées réunies en un seul vol. avec portrait de l'auteur, par Arthur Savaète. In-8 . . . . 8 fr. »»
La 4e Soirée : Choses d'Orient . . 5 fr. »»
Origines et Responsabilités de l'insurrection vendéenne, par Dom Chamard. In-8 . . . . 8 fr. »»
Histoire de l'Abbaye Royale et de l'ordre des chanoines réguliers de Saint-Victor de Paris, par Fourier-Bonnard. In-8. 10 fr. »»
Mgr D'Hulst, recueil de souvenirs, avec un portrait, couvert. parchemin. In-8. 10 fr. »»
La Papauté devant l'histoire, par le chanoine Fr. Fournier. Dr en théologie ; édition luxueuse et illustrée du portrait de l'auteur, de celui de tous les papes avec leurs armoiries respectives, figurines, lettrines, culs-de-lampe. 2 forts volumes grand in-4 de plus de 900 pages chacun. 50 fr. ; reliés . . 60 fr. »»
La chasse à travers les Ages, par le comte de Chabot, couronné par l'Académie, prix à l'Exposition 1900, édition rare et recherchée. Prix broché, 50 fr. ; papier Japon. 150 fr. »»
La sainte Bible à l'usage des familles, par Mgr Guérin, illustré par la Société de Saint-Jean. 3 forts vol. grand in-8. 36 fr. ; le tome I, seul a paru jusqu'ici. Prix 12 fr. »»

A LA MÊME LIBRAIRIE

Acta Sanctorum des Bollandistes, Gallia Christiana, Histoire littéraire de la France, Les Monumenta ecclesia liturgica des Pères Bénédictins, etc., etc. Demander catalogue général.

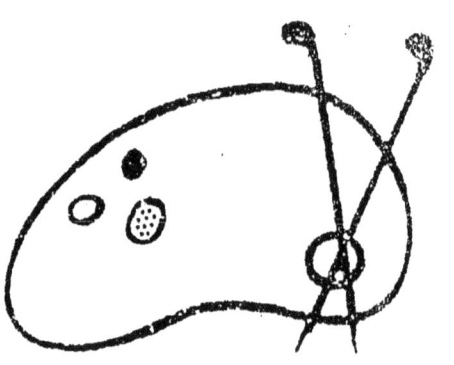

Fin d'une série de documents
en couleur

ÉTUDES
SUR LA
Révocation de l'Edit de Nantes
EN LANGUEDOC

Les Poètes Cévénols

DU MÊME AUTEUR

Histoire de la ville de Ganges (*épuisé*).
Une année de la guerre des Camisards. (Librairie Bloud, Paris).
L'Inquisition protestante. 2 volumes Collection Science et Religion. (Librairie Bloud, Paris).
Etudes sur la Révocation de l'édit de Nantes en Languedoc.

Ont paru :

L'Abbé du Chayla et le Clergé des Cévennes (1700-1702). (Librairie Savaète). Prix . . . . 3 fr.
Les Poètes Cévénols. (Même Librairie). Prix. . . . . 2 fr.

Pour paraitre incessamment :

Les Fugitifs : de (1685 à 1715). Valeur des biens ; Listes complètes paroisse par paroisse des fugitifs du Languedoc.

Paraîtront successivement :

Pasteurs et Consistoires (1685).
Les Prophètes (1686-1705).
Nouveaux convertis (1685-1700).
Rôle du Clergé (1685-1700).
Assemblées et Dragonnades.
Prédicants :   Ier volume : Jusqu'à la mort de Vivens (1692).
              IIe volume : Jusqu'à la mort de Brousson (1698).
              IIIe volume : Les chefs Camisards.

SAINT-AMAND (CHER). — IMPRIMERIE BUSSIÈRE

N° 14   COLLECTION ARTHUR SAVAÈTE A 2 FR.

Politique et Littérature, Arts, Sciences, Histoire, Philosophie et Religion

ÉTUDES

SUR LA

Révocation de l'Edit de Nantes EN LANGUEDOC

PAR

l'Abbé **ROUQUETTE**

TOME II

Les Poètes Cévénols

PARIS
ARTHUR SAVAÈTE, ÉDITEUR
76, RUE DES SAINTS-PÈRES, 76

Tous droits réservés

PRÉFACE

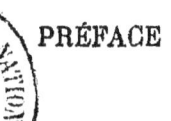

Dans les premiers jours de juin 1906, un synode national des Eglises Réformées de France se réunissait à Montpellier, l'ancienne capitale politique du Languedoc.

A quelques pas du lieu où se tenait l'assemblée, les délégués pouvaient apercevoir l'Esplanade où tant de leurs coreligionnaires furent brûlés, pendus ou rompus vifs. Un peu plus haut, au centre et dominant la ville, l'ancien palais de l'intendance, où, pendant plus de trente ans, siégea Lamoignon de Baville, celui qu'on a appelé le roi de Languedoc.

Roi, oui, il le fut. Louis XIV avait placé en lui toute sa confiance, et lui avait donné les pouvoirs les plus étendus. Il gouverna son immense province comme un souverain, lui appliquant ou ne lui appliquant pas, suivant qu'il le jugeait convenable, les ordonnances du Grand Roi. Jamais Louis XIV n'eut un intendant plus fidèle, plus soumis et plus obéissant.

Autour de cette grande figure s'est créée une légende. Certaines oreilles ne peuvent entendre prononcer ce nom. Pourtant, les preuves abondent, démontrant que Baville ne fut pas le farouche intendant sans entrailles, dont quelques historiens font un portrait fantaisiste.

Il y eut des hommes sans entrailles, mais ce ne fut pas Lamoignon : Barbara à Castres, Rouvière à Marvéjols, Daudé au Vigan ; ajoutez-y Chazel et Remisse, procureurs du Roi, qui toujours concluent à la peine de mort. Heureusement que Baville use de ses pouvoirs illimités ; et, sans faire d'allusion à de récents événements dont la ville de Montpellier a été le théâtre, les catholiques auraient été heureux d'avoir été traités par les autorités, comme le furent les huguenots par Lamoignon.

Il fut impitoyable pour les chefs ; mais ceux-ci furent de grands coupables. Non seulement ils avaient désobéi aux ordonnances du Roi, mais ils avaient commis des crimes que toute société punit de la peine de mort.

Les ministres protestants peuvent exalter tous ces hommes, et surtout Brousson, leur grand martyr. Une chose pourtant m'étonne. C'est que jusqu'ici on ait fait un choix dans les pièces de son dossier. Pour apprécier la conduite de l'intendant, pour connaître Brousson, il faut avoir en main toutes les pièces de son procès. Elles y sont encore : pourquoi ne pas les avoir publiées ?

De Baville a attaché son nom à l'exécution et à l'application de l'édit de Révocation : et quand, dans cette époque, on a parlé de dragonnades et d'ingérence « cléricale », on croit avoir tout dit, et avoir apporté la solution à ce problème historique.

Quelquefois quand je revenais des archives, le cœur bien souvent ému en pensant à tout ce que je venais de lire et de copier, je prenais *Les Plaintes des protestants* par Claude. Il semblerait que cette histoire, écrite par un contemporain, aurait dû encore augmenter ma sympathie. Pas du tout. Il y a trop de fiel, il y a trop d'erreurs, parce qu'il y a trop d'exagérations. Ce n'est pas là l'histoire, telle que la firent les protestants d'alors, telle que l'a faite Louis XIV. Prenez le premier inventaire venu des biens des consistoires, le premier interrogatoire de ces pauvres protestants traînés devant les tribunaux de leur pays de 1686 à 1690, (les dates sont d'une importance capitale) pour avoir prié Dieu, ou encore une plainte des consuls ou des prieurs, se faisant auprès de l'intendant les échos des dragonnades, vous sentirez aussitôt naître la sympathie dans votre cœur, parce que là c'est la vérité.

J'ai vécu ces vingt ans (1685-1705) avec ce peuple de proscrits, les suivant au jour le jour, pénétrant dans chaque communauté de Languedoc, entendant leurs prières, leurs chants, leurs plaintes, leurs espérances. J'étais loin des historiens : j'étais avec le peuple. J'ai vu démolir leurs temples, vendre à vil prix les objets de leur culte, apprécier leurs serviettes, leurs nappes, leurs vases d'argent, leurs bassins de laiton. J'ai lu leurs lettres de famille, confisquées sur un guide quelconque, ou dans une perquisition. C'est dans ce peuple, qui mérite bien qu'on s'occupe de lui, dans ses sentiments, dans sa faiblesse, dans son abandon qu'il faut chercher une des causes, et la principale, de l'édit de Révocation.

Ce peuple s'est vu ensuite appliquer les principes les plus révolutionnaires. Après avoir attenté à la liberté de conscience, en 1682, sur les catholiques, en 1865 sur les protestants, — deux dates inséparables, — Louis XIV devait s'attaquer nécessairement à la propriété. Rien ne fut sacré : il a fourni aux révolutionnaires de toutes les époques les principes les plus subversifs.

Révolutionnaire ? qu'on ne s'étonne pas de voir accolée au nom de Louis XIV cette épithète. La Révolution ne date pas de 1789. Je ne peux pas préciser l'année où elle a commencé. Louis Blanc — il s'y connaissait — la fait remonter à Luther. Il avait peut-être raison. Ce qui est sûr, c'est qu'en 1685 la Révolution règne en France.

On s'étonne de l'incohérence des hommes de la Convention, détruisant le lendemain ce que la veille ils avaient décrété, mais ne revenant jamais cependant sur les lois scélérates qu'ils avaient votées.

On retrouve la même incohérence dans les déclarations et édits de Louis XIV après 1685 : en particulier pour ce qui touche soit aux biens des fugitifs, soit aux biens des consistoires.

Qui a créé cette législation religieuse que depuis cent ans les gouvernements qui se sont succédé en France ont appliquée à la religion catholique ? C'est Louis XIV. Et il a été loin dans son application.

Que les consistoires aient détourné l'argent dont ils disposaient pour d'autres usages que l'entretien du ministre, les frais du synode, etc., c'est possible. Est-ce une raison pour que le Roi s'empare des effets des consistoires et les vende à l'encan ?

Il a violé les donations testamentaires, donnant au bassin des pauvres des revenus qui devaient être employés à l'entretien du ministre.

Il a violé le droit de propriété. En veut-on un exemple ? A Faugères, le seigneur, voyant la pauvreté du consistoire, qui n'avait que des coupes de verre pour la cène, acheta deux coupes d'argent. Après chaque cène, il les emportait chez lui Il quitte le royaume, et emporte ses coupes. Les commissaires n'avouent pas leur défaite. S'appuyant sur ce principe que *res religioni destinatæ sunt nullius*, on les fera payer aux anciens du consistoire, ou mieux on en prendra la valeur sur les biens du fugitif.

C'est au nom de ce principe qu'on fit vendre des cimetières appartenant à des particuliers, qui, bénévolement, avaient prêté leur terrain, qui étaient encore en vie, et possédaient les titres.

En face de ces principes révolutionnaires, de cette oppression de tous les jours, que fit le peuple protestant ? C'est à cette question que je réponds dans cette courte étude.

On nous parle tous les jours de martyrs. Il y eut donc une résistance ouverte, en face, une protestation de la conscience défendant ses droits, et les proclamant. Il y eut un soulèvement, pacifique sans doute, de ce peuple, pour défendre ses temples, pour réclamer ce que la foi y avait accumulé et qui était l'héritage de tous.

Ce qui fait le martyr, ce n'est pas la mort, c'est la cause pour laquelle il souffre. On peut être martyr sans monter à l'échafaud.

Non, il n'y eut pas de martyrs, et c'est ce qui désespère l'historien, de se trouver toujours en face d'un néant de faiblesse, de pusillanimité, et aussi de duplicité et de mensonge.

D'un côté il y a la force brutale, légale, la plus terrible de toutes. Sans doute Louis XIV n'est pas un Danton ou un Robespierre. Il hésite parfois ; il sent combien est dangereux le terrain sur lequel il évolue ; et peut-être devine-t-il qu'un jour on pourra faire usage de ces mêmes principes contre ses petits-fils. Il n'ira pas jusqu'à leur extrême limite ; il décrétera bien qu'il est le père de ses sujets, le tuteur-né des enfants nés de parents huguenots ; que la France n'est qu'une vaste ferme qu'il loue à ses sujets, et qu'il peut leur enlever selon son bon plaisir, préludant ainsi au collectivisme d'Etat ; mais, dans la pratique, il n'osa pas aller jusqu'à cette limite. Au bout de quatre ans, il rendit aux parents les biens des fugitifs ; quant aux enfants, il ne pouvait tous les faire enfermer dans des collèges ou des couvents.

Et en face ? Le néant, toujours le néant. Pas une protestation ne s'élève : tout au plus quelques gémissements. Ils semblent si criminels à ce peuple, que celui qui les a proférés n'ose les avouer, et que les témoins eux-mêmes ne les ont pas entendus.

Ce peuple ne reprend conscience de lui-même que dans le désert, dans les baumes des montagnes, loin de l'œil inquisitorial du juge et de l'officier ; ou encore dans les longues veillées d'hiver, dans ces mas perdus dans la montagne.

En présence de cet effondrement de la conscience protestante, je me suis souvent demandé ce que valaient les principes qu'il était venu apporter au monde. Au moindre souffle tout s'est évanoui et l'âme a apparu dans toute sa nudité.

Je crois inutile de donner toutes les références : je surchargerais de trop de notes cette courte étude, et, pour la plupart des lecteurs, elles n'ont aucune utilité. Je ne donnerai donc que les principales.

J'ai lu toutes les liasses qui se rapportent à cette époque ; pas une feuille qui ne soit passée par mes mains, je n'ai pas glané ici et là, j'ai tout lu, tout analysé.

Voici les liasses que j'ai étudiées : 163 à 186, 191 et 192 ; 302 à 315, 252 à 300 (Archives civiles de l'intendance du Languedoc série C. — en abrégé je donnerai ainsi la référence : Arch. int. C. et le numéro de la liasse — déposées aux archives départementales de l'Hérault).

LES POÈTES CEVENOLS

CHAPITRE PREMIER

PUSILLANIMITÉ DES PROTESTANTS. — UNE CAUSE DE L'EDIT DE RÉVOCATION : BROUSSON, DEVÈZE, BASTIDE ET DUMAS.— POÈTES : LEUR INFLUENCE RELIGIEUSE. — VALEUR HISTORIQUE DE CES POÉSIES. — PAS DE MARTYRS, PAS DE POÈTES.

La révocation de l'èdit de Nantes est encore incompréhensible. En essayant de démêler les causes de ce grand acte, d'en établir les responsabilités surtout, loin d'y faire un peu de clarté, les historiens y ont jeté une plus grande obscurité.

Ils sont pleins de ménagements pour le protestantisme. Dans cette débâcle, qui précéda l'édit de Révocation, ils cherchent les causes extrinsèques. Ils ne voient pas que pour avoir le fin mot de l'énigme, c'est dans l'âme même de ce peuple qu'il faut descendre, pour apprécier sainement la conduite de Louis XIV et des intendants.

Le problème a été mal posé. Sans doute la donnée fournie par les historiens est plus commode, plus honorable surtout pour les protestants. Ce sont des persécutés, des défenseurs de la liberté de conscience, des martyrs ; telle est la conclusion.

Ce voile, que les historiens jettent avec soin sur l'état psychologique de ce peuple, cache une plaie, plaie de faiblesse et de pusillanimité, qui fut, je ne dis pas la seule, mais la première cause de l'édit de Révocation. Il faut que ce voile tombe, et que les protestants ne fassent pas exception à la règle de la critique historique.

Peu nous importe pour le moment ce qu'a fait Louis XIV. Il y avait un peuple. Les récriminations des historiens, justes pour la plupart, quand elles ne sont pas poussées jusqu'à l'exagération, ne doivent pas détourner nos regards des actions de ce peuple.

La psychologie de l'âme protestante, ses sentiments, ses haines, ses amours, ses espérances, ses moyens de défense en un mot pour conserver ses libertés, vivre, échapper à une législation implacable, tout cela nous intéresserait plus que le récit de quelques dragonnades ou quelques déclamations contre Louis XIV. Grâce à ce système inauguré par Claude, continué par nos historiens, nous ignorons encore ce que pensait ce peuple de proscrits. Jusqu'ici sa voix ne s'est pas fait entendre au milieu de ce concert assourdissant, de ces déclamations sans fin, contre le roi et le clergé.

Avant tout, il faut attendrir le lecteur, faire naître dans son âme beaucoup de sympathie, sympathie toujours facile à exciter, que personne ne cherche à refuser. Mais, avec ce système historique, on cache les fautes et les faiblesses de ce peuple ; on oublie de nous dire ce qu'étaient ces martyrs que le protestantisme a érigés en apôtres de la liberté de conscience, et qui, pour la plupart, couverts de crimes, ont payé une juste dette à la justice de leur pays.

A cette volonté bien arrêtée de ne pas descendre dans l'âme protestante, de ne pas y chercher le premier et le dernier mot de l'énigme historique, s'ajoute encore l'équivoque, équivoque d'une importance capitale dans cette affaire et entretenue avec le plus grand soin.

Faisons avant tout disparaître l'équivoque. Quand les historiens parlent du protestantisme, de la persécution qu'il subit, des martyrs dont il se glorifie, parlent-ils d'un parti politique ou d'un parti religieux ?

Si les condamnés aux galères ou à la potence dans les années qui suivirent l'édit d'octobre 1685, sont des condamnés politiques, je les leur abandonne. Ils peuvent alors les exalter à plaisir. Nous sommes dans un siècle où nous ne sommes pas difficiles sur ce point, et où nous sommes prêts à élever des statues à des victimes politiques qui ont souvent manqué de sens moral. Vivens, Brousson, La Jeunesse, La Rouvière, Castan, etc., sont aussi intéressants que Barbès, Blanqui et tant d'autres. Ils ont sans doute sur la conscience quelques gouttes de sang ; mais nous savons le leur effacer : n'ont-ils pas, au nom de la liberté, combattu un pouvoir, essayé de le renverser?

Mais il n'est pas permis à un historien de considérer ainsi ces condamnés. Eux-mêmes protesteraient de toute leur énergie. Leurs interrogatoires sont là. J'en ai lu des milliers. Non, ce ne sont pas des condamnés politiques. Leur idéal est plus grand et plus vaste : ce sont des condamnés pour fait de religion. Eux-mêmes, dans leurs interrogatoires, nous expliquent les motifs de leur conduite, la cause de leur résistance aux lois, leur obligation d'obéir à Dieu plutôt qu'à Louis XIV. Ils se proclament des hommes religieux, implorent le secours d'en haut, quelques-uns même se disent inspirés par Dieu. Il est donc du devoir de l'historien de leur attribuer leurs sentiments, d'examiner si leur conduite a toujours été conforme à leurs principes ; et puisqu'on veut en faire des martyrs, c'est-à-dire des hommes héroïques, confessant la vérité de leur religion en face des tourments, il est du devoir de l'historien de rechercher et de dire, si, parmi eux, il y eut quelques âmes assez fortement trempées, pour rappeler aux générations suivantes les martyrs des premiers siècles.

Le protestantisme s'est dit une religion, c'est-à-dire avoir reçu ou au moins retrouvé le dépôt de la vérité perdu par l'Eglise Romaine. Ce n'est pas une secte religieuse ordinaire, c'est un système complet. Il a tout sapé par la base, pour reconstruire, appuyé sur la vérité de Dieu et sa toute-puissance. L'historien est donc en droit de lui demander ses preuves ; je ne parle pas des preuves théologiques ou philosophiques, mais des preuves historiques ; il est en droit aussi de lui dire que la persécution ne doit pas l'étonner, encore moins l'ébranler ; mais que, toujours ferme, fixé en Dieu, souveraine vérité, il doit être fier de montrer aux générations comment on meurt pour lui, comment il triomphe du temps et des hommes ; comment enfin, plein de vie et de force, redevenu plus vigoureux par la persécution, il reprend sa marche en avant de progrès et de civilisation.

Il est, en effet, dans le destin de la vérité de se susciter des ennemis : sa vie, c'est la persécution.

Les historiens qui, à la suite de Claude, accusent le clergé de France d'avoir, à cette époque, poussé Louis XIV à révoquer l'édit de Nantes, pensent atteindre, par delà le clergé, le catholicisme lui-même. Ils oublient ou feignent d'oublier que ce même catholicisme fut persécuté par Louis XIV ; que, depuis Philippe le Bel, jamais roi de France n'avait abreuvé la Papauté de tant d'outrages ; que jamais peut-être le catholicisme, en France, ne fut plus près de sa ruine que sous ce règne ; que 1682 est une date aussi mémorable que 1685, toutes deux inséparables, marquant, toutes deux, un attentat à la conscience humaine, un envahissement du pouvoir temporel, dirigé par des légistes, sur le pouvoir spirituel. Le catholicisme échappa à Louis XIV ; le protestantisme fut vaincu : défaite gigantesque, ce fut une débâcle.

Jamais cependant, depuis son origine, il n'avait eu plus belle occasion de prouver sa vérité, de montrer par des faits historiques, pierre de touche de toutes les institutions ici-bas, qu'il avait sa vie propre, indépendante de la vie civile, qu'il pouvait se passer de la protection du pouvoir, l'arrêter même en mourant. Date mémorable que 1685. Cette année-là, le protestantisme a prouvé historiquement qu'il ne portait pas en lui, dans ses fondements, le secours divin qui donne la vie à l'âme, la clarté à l'intelligence, la force au caractère, que les principes anarchiques qu'il avait semés dans l'âme des nations étaient aussi un ferment de désagrégation pour l'âme des individus.

Dans une persécution il y en a toujours qui succombent. La perte des biens matériels, la vue des supplices, la peur de la mort peuvent en effrayer quelques-uns ; mais il est impossible qu'une secte religieuse sombre tout entière dans l'apostasie, si vraiment elle a avec elle les paroles de vie et de vérité, si elle porte dans ses flancs la semence féconde de la civilisation. La divinité elle-même est alors obligée d'intervenir au nom de la souveraine vérité, sinon tout l'ordre intellectuel disparaît soudainement. L'humanité n'a pas au cœur assez de convictions pour confesser la vérité en face de la mort, si la vérité suprême ne vient la réconforter.

Mais quand la divinité intervient dans cette guerre, qu'une partie de l'humanité, au nom de l'erreur, déclare à l'autre partie possédant la vérité, la persécution, loin de décourager, affermit au contraire, fait naître partout des héros qui s'attachent à la vérité et la confessent avec la même folie que les autres la persécutent et la haïssent.

On me dira qu'une secte religieuse peut disparaître momentanément d'un pays, sous les rafales d'une persécution sans merci.

Oui, mais avant de disparaître, noyée dans le sang, elle produit des martyrs, témoins de la vérité. Momentanément elle cède à la force brutale ; mais en mourant elle jette à la face du persécuteur le dernier cri de triomphe de l'âme rendant témoignage à la vérité. Les martyrs sont tués : ils ne sont pas vaincus. En 1685, le protestantisme ne fut pas tué — on ne le tuera jamais — il fut vaincu. Les sectateurs dissimulèrent leurs sentiments : ils professèrent une religion qu'ils abhorraient, prêts à l'abandonner le jour où ils pourraient le faire sans encourir la rigueur des lois.

On les y contraignit, et dans cette contrainte on pense trouver une excuse légitime à tant de faiblesse, et en même temps charger la mémoire de Louis XIV. Mais les empereurs romains contraignaient aussi les premiers chrétiens à l'apostasie, et, quoiqu'on en dise, les dragonnades furent plus douces que les chevalets et les tenailles rougies.

Tous n'apostasièrent pas : c'est encore vrai. Nous les retrouverons ces hommes qui se réfugièrent dans les bois. J'ai lu et copié leurs interrogatoires : ils devinrent de vrais brigands, et moururent tous avec plus d'un crime sur la conscience.

Ils eurent des martyrs, me dira-t-on enfin. Non, et Brousson lui-même, Brousson, que je vais citer, il faudra le rayer de ce martyrologe. Pauvre Brousson ! Louis XIV ne fit pas un martyr : il fit des victimes. A ce titre, je ne leur ménage pas mes sympathies ; mais qu'on ne les couvre pas de lauriers, qu'on ne mette pas des palmes en leurs mains : cet honneur, ils ne l'ont pas mérité.

L'histoire doit être une résurrection. Il faut qu'une époque revive telle que l'ont vécue les acteurs. Pourquoi faut-il que l'étude attentive et consciencieuse des documents contemporains, les interrogatoires de ces prétendus martyrs, viennent détruire toutes ces légendes créées autour de quelques têtes plus illustres : Vivens, Brousson, La Rouvière, etc. ? Pourquoi faut-il qu'ils apparaissent aux yeux de la postérité tels qu'ils furent, c'est-à-dire de grands coupables.

Ce que je dis en ce moment ne surprendra que ceux qui

ont parcouru superficiellement les grosses liasses des archives de l'intendance de Languedoc ; mais quiconque les aura étudiées patiemment et attentivement sera frappé comme moi de la faiblesse de ces héros. C'est dans cette faiblesse qu'il faut chercher la vraie cause première de l'édit de Révocation. Je ne conteste pas les autres que je développerai dans mon étude sur les Nouveaux Convertis : réaction politique, plan de Louis XIV, exécuté peu à peu avec une grande habileté, etc., mais avec Brousson, je dis que le protestantisme ne doit s'imputer qu'à lui-même d'avoir été vaincu. Il n'a pas su défendre sa liberté, il n'a pas su la conquérir, il n'en était pas digne.

Je le dis sans insulter à ce peuple de victimes, meurtri, foulé aux pieds, chargé de chaînes par des juges sans pitié, quelquefois sans justice. Poursuivis, traqués partout, abandonnés de tous, même du Dieu qu'ils invoquaient, ils allaient, au péril de leur vie, dans les baumes et dans les bois, chercher la liberté de prier ; puis arrêtés, traînés devant leurs juges, loin de se glorifier de leur désobéissance à des lois qui opprimaient leur conscience, presque tous nient, avec une audace qui étonne, avoir assisté aux assemblées, et violé les ordres du Roi ; quelques-uns même s'humilient, demandent pardon, et promettent de ne plus recommencer.

Oui, ils furent faibles et très faibles, ce n'est pas moi qui le leur reproche, c'est Brousson, leur plus grand défenseur.

S'ils l'avaient écouté ! Oui, mais pour suivre les conseils du célèbre avocat, il aurait fallu d'autres hommes, animés d'autres sentiments, soutenus par une autre force. Il aurait fallu que Dieu fût avec eux ; et, malgré leurs supplications et leurs prières dans les assemblées du désert, le Dieu d'Israël ne venait plus au secours de son peuple : il ne pensait plus à relever les murs de Sion.

Et cependant que demandait Brousson ? Bien peu, nous semble-t-il. Il demandait vingt hommes de bonne volonté et de foi, vingt martyrs pour arrêter Louis XIV dans la voie où il s'était engagé. Vingt martyrs, je le crois avec Brousson, auraient empêché l'édit de Révocation. Vingt martyrs ! le Languedoc, la province protestante par excellence, avec ses 200.000 protestants, ne put les lui fournir.

Que le protestantisme se frappe ici la poitrine, et ne s'accuse que lui-même. L'examen de conscience peut être bien pénible. En descendant jusqu'au fond, en sondant tous les replis de l'âme protestante, nous pouvons y trouver de bien horribles plaies ; il faut cependant les examiner. C'est lui-même qui est le grand coupable, lui-même qui a fourni aux intendants l'occasion de faire ces rapports où sont relatées les conversions en masse.

Ces conversions n'étaient pas sincères. C'est possible, excepté pour une certaine minorité ; mais si elles n'étaient pas sincères, les principes de liberté, que Luther et Calvin étaient venus apporter au monde moderne, ne devaient pas avoir un fondement aussi solide et aussi inébranlable que ceux que Jésus-Christ avait donnés au monde.

Elles n'étaient pas sincères ? qui pouvait le savoir ? qui ? les Nouveaux Convertis. Les intendants croyaient à la sincérité en 1684 et 1685. Voudrait-on qu'ils en eussent douté, et jeté à la face des Nouveaux Convertis l'accusation d'hypocrisie et de duplicité ?

Ce ne fut que quelque temps après l'édit de Révocation, quand tout fut consommé, qu'on s'aperçut de tout ce qu'il y avait de louche et d'hypocrite ; mais il était trop tard, trop tard surtout pour les protestants qui, abjurant en masse, avaient fourni à Louis XIV l'occasion d'affirmer à la face de l'Europe qu'il n'y avait plus de protestants dans son royaume. Et Louis XIV ne mentait pas.

En présence de tant de faiblesse, de pusillanimité et de lâcheté, Brousson sent l'indignation lui monter au front, et il fustige ses anciens coreligionnaires avec un courage auquel nous devons rendre hommage. Autant que lui nous devons regretter que les protestants ne l'aient pas suivi dans la voie de la résistance. Ils nous auraient épargné de voir écrite dans notre histoire cette page si triste, où les victimes, malgré leur faiblesse, où les chefs, malgré leurs crimes, attirent notre sympathie.

Les protestants crurent donc, en cachant leurs sentiments, apaiser Louis XIV, laisser passer l'orage et reprendre ensuite leur ancienne religion.

Brousson voyait plus clair, et à tous ceux qui le consultaient, en 1683, il répondait qu'il était « nécessaire pour leur repos et pour le bien de l'Etat qu'ils fissent connaître l'attachement qu'ils avaient pour leur religion, en demeurant pourtant toujours dans les termes du respect et de la fidélité qu'ils devaient à leur Prince. Il ne doutait pas que d'abord le Roi qui est un grand prince ne fît éclater son indignation contre ceux qui résisteraient à ses volontés ; mais il était persuadé que dix ou vingt personnes n'auraient pas plus tôt souffert la mort pour sceller de leur sang la vérité qu'ils professaient que Sa Majesté ne voudrait pas pousser les choses à bout, et désoler son royaume ; au lieu que s'ils prenaient le parti de dissimuler leur sentiment, l'autorité de Sa Majesté s'engagerait de plus en plus à détruire la R.P.R. dans ses Etats, et qu'ensuite, la conscience venant à se réveiller, tout serait dans la dispersion et la désolation » [1].

Deux jours avant sa mort, le 2 novembre 1698, il est encore plus explicite. Il sonde cette époque de notre histoire avec la hardiesse et la sûreté d'un chirurgien, et fait retomber sur les vrais coupables les responsabilités encourues.

« Ceux qui ont dissimulé leur sentiment, répond-il à Lamoignon, à l'égard de la Religion qu'ils professaient, quoique ladite Religion fût gravée profondément dans leur cœur, non seulement ont blessé leur conscience, mais encore ont été cause que le Roi a de plus en plus engagé son autorité à interdire la profession de ladite Religion dans son royaume, ce qui a déjà donné lieu à une grande dispersion de peuple et fait depuis longtemps gémir le reste des réformés dans le royaume ; il a toujours cru que les Réformés devaient agir plus sincèrement afin que le Roi, considérant l'attachement qu'ils ont à leur Religion, eût la bonté de mettre fin à leur misère [2]. »

On se sent plus à l'aise après un pareil témoignage que personne ne pourra récuser et qui fait retomber les responsabilités sur les vrais coupables. Brousson, comme tous ses contemporains, peuple, prédicants ou prophètes, considérait le protestantisme comme une religion, non comme un parti politique. Dès lors il ne pouvait y avoir qu'une voie pour les protestants ; dire hautement leur amour pour cette religion à laquelle l'immense majorité d'entre eux resta toujours attachée, la confesser publiquement et encourir même pour elle les galères ou l'échafaud. Quiconque agissait autrement, devenait hypocrite et « cause » que le Roi s'engageait de plus en plus dans la voie qu'il s'était tracée.

[1] Interrogatoire du 31 octobre 1698, Arch. int. C. 191.
[2] Interrogatoire du 2 novembre 1698, Arch. int. C. 191.

Chose digne de remarque : dans sa défense, Brousson ne parle jamais de martyrs. Il y a treize ans que l'édit de Révocation a paru, les galères regorgent de protestants, les potences ont été dressées un peu partout dans tous les villages des Cévennes. Pas une ligne, pas un mot, dans la bouche de cet avocat, devenu ministre, âme pieuse et mystique, pour exalter le courage de tous ces héros inconnus ou même des hommes plus en vue qu'il avait eus pour amis et pour compagnons, et qui l'avaient précédé à la mort. Il ne pouvait se faire illusion sur le sort qui lui était réservé. Sa tête avait été mise à prix ; et il ne pouvait ignorer que dans quelques jours son corps serait hissé à une potence sur l'Esplanade de Montpellier.

Ce silence est significatif. Il n'avait d'ailleurs qu'à descendre au fond de sa conscience. Il savait qu'il y a des crimes qui enlèvent à un homme l'auréole du martyre. Quelques semaines auparavant, il avait pu se défendre devant Pinon, l'intendant du Béarn ; mais aujourd'hui il est en face du fameux roi de Languedoc qui le presse, le tourne, le retourne, et ne se laisse pas émouvoir par son éloquence. Ce cerveau froid va droit au bout, et jusqu'à quatre fois il lui pose nettement la question : Brousson est-il un traître? Et l'avocat devenu ministre, hésite, tergiverse. Il sait qu'entre les mains de l'Intendant, il y a, outre la preuve de trahison, d'autres lettres, d'autres preuves, qui feraient de lui, sinon un assassin, du moins le complice et l'apologiste des assassins.

Et si Lamoignon est plus retenu que Loys, autre juge au présidial de Montpellier ; s'il ne lui demande pas la part qu'il prit à l'assassinat du curé de Saint-Marcel de Fonfouilluse ; s'il ne lui demande pa scompte de la lettre écrite, de sa propre main, quelques jours après l'assassinat de Lambert, second consul d'Anduze, et adressée par lui à l'Intendant, c'est que de Baville veut connaître avant tout les projets des protestants contre la sûreté de l'Etat, et la part que Brousson y a prise.

Brousson ne pouvait pas parler de martyrs devant l'Intendant. Il se serait exposé à une réponse terrib¹ , et mis lui-même en contradiction avec ses propres paroles. Je le répète encore : les deux cent mille protestants de Languedoc, la province protestante par excellence, n'ont pas pu fournir à Brousson les vingt martyrs qu'il réclamait.

Ce n'est pas seulement Brousson qui reproche aux protestants leur pusillanimité. Les preuves sont nombreuses. Il n'y a qu'à prendre les premières liasses venues pour y lire un sermon dans lequel le prédicant adresse ce reproche à ses auditeurs. Effet oratoire, dira-t-on. Non ! c'est la vérité. Bien grandes furent souvent les déceptions des pasteurs et des prédicants, qui pensaient n'avoir qu'à se montrer pour être suivis par la foule.

Voici d'ailleurs un fragment d'une lettre adressée de Lausanne à La Rouvière, par le pasteur réfugié Devèze.

« Vous ne devez pas trouver étrange de trouver de si grandes difficultés à surmonter parmi ceux où vous vous étiez promis de n'en point trouver. Hélas ! mon cher frère, comment se pourrait-il faire que la chose se fît autrement, après ce que ce misérable peuple a déjà fait lorsqu'il a renié si lâchement son divin Sauveur ! Et ne faut-il pas qu'il paraisse manifestement que ce n'est pas sans sujet que Dieu l'a ainsi abandonné, et qu'il a permis qu'il soit tombé dans une si grande lâcheté, et qu'il ne faut pas trouver étrange, s'il ne le délivre pas encore d'un si malheureux état, parce que la corruption est extrême, et qu'il n'est pas capable de profiter de la voix de ces bienheureux serviteurs que Dieu ne laisse pas de lui envoyer encore, et de la voix de ce terrible châtiment qu'il a déployé sur lui, et qui devrait l'avoir déjà obligé à s'humilier extraordinairement devant lui et à recourir à sa grâce avec toutes les marques de la plus sincère repentance » [1].

Ce peuple, traité de lâche par ses chefs, aurait bien pu répondre à ses pasteurs que leur conduite n'avait pas été plus glorieuse ; qu'au lieu de fuir à l'étranger, avec un sauf-conduit de l'intendant, ils auraient pu apprendre à leurs fidèles comment mourait un ministre de l'Evangile, ou attendre, tout au moins, que les gens de la maréchaussée viennent les mener à la frontière.

Quarante-cinq pasteurs dans le Languedoc donnèrent l'exemple de la soumission et préférèrent à l'exil la pension de Louis XIV. Pour la majorité d'entre eux, je crois à la sincérité de leur conversion ; mais l'amour de la vérité, la volonté bien arrêtée de ne rien voiler m'obligent à dire que quel-

---

[1] Dossier La Rouvière, Arch. int. C. 174.

ques-uns de ces ministres donnèrent à leurs fidèles l'exemple de la dissimulation, et plus tard se prêtèrent aux intrigues de Vivens et de Brousson : tel Lacoste de Saint-Etienne de Valfrancesque, tel Cheilon de Nîmes, tel surtout Dumas de Vézenobres.

L'état mental de cet homme mérite que je lui consacre quelques lignes [1].

En juin 1686, ce Dumas, ancien pasteur, nouveau converti, rencontra sur le chemin d'Anduze à Nîmes Jean Bernard, viguier au mandement de Quillan. Ils firent chemin ensemble et parlèrent bientôt religion.

Dumas demanda au viguier « de quelle manière il vivait depuis le changement de religion ». Jean Bernard répondit « qu'il fréquentait les messes et les instructions des missionnaires ». L'ex-pasteur lui demanda « si son curé le pressait pour la confession et pour la communion ». A cette question, le viguier « répartit que non et lui demanda s'il pouvait faire la communion sous une seule espèce ». « Assurément, il ne le pouvait pas faire », répondit Dumas. Que fallait-il faire alors, répliqua le viguier ; et Dumas de répondre « qu'il fallait le faire mais sans y apporter aucune dévotion et après avoir même déjeuné », comme il l'avait fait lui-même « ayant communié après avoir déjeuné ». La conscience de Jean Bernard se trouble, et il demande au ministre « si, restant de cette manière, on pouvait faire son salut ». « Non », répond-il, « et que, si l'on n'avait toujours en vue d'abandonner ses biens, et quitter le royaume, on ne pouvait être sauvé, qu'à son égard, il travaillait à mettre tout son bien dans la poche pour sortir du royaume. » A son tour Dumas questionne le viguier ; que pense-t-il des ministres qui ont quitté le royaume ? Ils ont bien fait, répond-il. Dumas lui dit « qu'il ne pensait pas ce qu'il disait, que ceux qui avaient quitté avaient tort, et qu'ils devaient tous demeurer pour consoler leur troupeau, comme il faisait, ajoutant ces paroles : n'est-il pas vrai que je vous suis d'une grande consolation et

---

[1] Ce Dumas reçut une pension de 700 livres. Il avait demandé un passeport pour lui « et pour demoiselle Alexandrine de Trémolet, sa femme, si on veut lui permettre d'amener ses trois filles dont la plus jeune à onze ans ». Ces deux lignes sont rayées dans l'original. Les ministres ne pouvaient emmener avec eux que leur femme et leurs enfants au dessous de sept ans. (Arch. int. C. 279)

secours à présent que vous me trouvez : il en serait de même de tous les autres » ¹.

Que penser de ce ministre qui communie après avoir bien déjeuné ? Sa conversion ne devait pas être bien sincère, mais pas plus que Jean Bernard je ne comprends une pareille conduite.

Il ne pouvait faire autrement, me dira-t-on : les curés l'y contraignaient.

C'est une erreur : jamais aucun curé n'a obligé un nouveau converti à communier. J'en ai déjà fourni les preuves dans mon étude sur l'abbé du Chayla et le clergé des Cévennes (1700-1702) : j'en apporterai encore de bien plus nombreuses et plus convaincantes quand je parlerai des Nouveaux Catholiques de 1685 à 1700.

Est-il bien sûr d'ailleurs, comme l'affirme Dumas, que les pasteurs, en restant avec leurs fidèles, leur auraient été d'une grande utilité ?

Lui-même n'apprenait à Jean Bernard qu'à mieux dissimuler ses sentiments. J'ignore ce qu'auraient pu faire les pasteurs qui seraient restés dans le pays. Auraient-ils mieux agi que Lacoste de Saint-Etienne de Valfrancesque, Cheiron de Nîmes, Dumas de Vézenobres ou Raymond Bastide d'Alais ?

C'est un cas intéressant que celui de ce dernier. Il resta en effet, n'abjura pas, ne reçut du Roi aucune pension.

Né à Alais, ancien ministre à Saint-Christol, Soustelle et Florac, Raymond Bastide était âgé de près de cinquante ans au moment de la Révocation de l'édit de Nantes.

De 1685 jusqu'au commencement de septembre 1692, où il fut découvert, il vécut toujours caché dans sa maison d'Alais, sans aucune relation avec les prédicants.

Le 9 septembre 1692 il est interrogé par Lamoignon. En 1685, dit-il, il demanda son passeport, et l'obtint. Il ne put s'en servir. Un accès de goutte le cloua sur son lit. « Le regret de quitter le royaume et sa famille lui augmenta son mal. » Il resta donc, n'ayant pu s'exiler dans les quinze jours de délai accordés aux ministres.

En justifiant de sa maladie, lui dit Lamoignon, il aurait pu obtenir un sursis qui lui aurait été accordé.

Il l'ignorait, répond le pasteur. Son dessein était d'ailleurs

---

¹ Interrog. de Jean Bernard, Arch. int., C. 167.

de rester, jusqu'à sa mort, caché dans sa maison à moins que le roi ne permette de nouveau l'exercice de la religion. Pendant ces sept ans de réclusion volontaire, il s'est soumis aux ordonnances de Sa Majesté, n'a pas gardé les livres de la R.-P.-R., n'a lu que les livres catholiques, et a permis à sa femme et à ses enfants de se faire catholiques et de fréquenter les instructions.

Comment a-t-il pu le souffrir, demande Lamoignon, puisqu'il est resté protestant.

Il répond que sa femme avait de l'inclination pour la religion catholique et lui-même a poussé ses enfants à communier.

Arrêté le 5 septembre 1692, il ne connut son sort que le 13 janvier 1693. Il était condamné à mort.

La potence le fit réfléchir : il demanda pardon et promit de se faire catholique. En février 1693 — sur les lettres il n'y a pas de date du mois — Louis XIV lui accorda la grâce complète qui fut enregistrée au présidial de Montpellier le 1ᵉʳ avril 1693 [1].

Un serrement de cœur vous étreint malgré vous à la vue de tant de faiblesse. J'ai lu bien des interrogatoires, bien des condamnations aux galères et à la mort ; et la vérité m'oblige à dire que j'y ai cherché en vain des martyrs. J'y ai trouvé des âmes faibles, pusillanimes, incapables d'aucun effort, ou encore quelquefois de grands coupables.

A côté de cette faiblesse qui peut nous paraître incroyable, se révèle dans les actes de ce peuple, dans les écrits et les sermons de ses prédicants, une haine mortelle de l'Eglise romaine. Haine vivace, implacable, qui soutient ce peuple et l'empêche de mourir. Vous la retrouvez partout : dans les réunions du désert, dans les écrits de Brousson, dans les interrogatoires des victimes. C'est l'Eglise romaine qui est la grande coupable, elle, la prostituée de Babylone, aux yeux de ce peuple de proscrits et de victimes ; et je comprends que ce sentiment soit né dans ces âmes.

Au nom de qui, en effet, agissaient, juges, officiers et consuls ? sans doute au nom du roi, pour remplir ses ordonnances ; mais, en dernière analyse, au nom de la religion. Quand les historiens protestants de l'époque se font les échos

---

[1] Dossier de Raymond Bastide, arch. int. C. 173.

des vexations sans nombre que subirent leurs coreligionnaires, des conversions forcées qui leur furent imposées, des amendes, des prisons, des galères, ce sont autant de faits que personne ne peut contester.

Mais par qui a été écrite cette page si sombre de notre histoire, que tous nous voudrions voir effacée? Pas par les évêques et les curés. Le pouvoir civil a empiété ici sur le pouvoir religieux : il s'est substitué à lui. C'est l'époque où, sous chaque bonnet de juge, il y a un théologien et un canoniste. Si j'ai parfois haussé les épaules, en lisant certains sermons de Brousson, dans lesquels il lance l'invective contre l'Eglise romaine, la prostituée de l'Apocalypse, et combat des doctrines qu'elle n'a jamais professées, je n'ai pu aussi souvent m'empêcher de sourire en voyant les juges oublier leur rôle, faisant des excursions insolites dans le domaine de la théologie, avançant et soutenant des thèses hétérodoxes. Tel, pour ne citer qu'un cas, ce substitut du procureur du roi au tribunal de Marvéjols, qui, dans un procès à un cadavre, développait cette proposition : quiconque meurt sans confession est damné ; l'évêque de Mende le rappela à ordre.

Par ses actes, le clergé ne mérite pas cette haine : par ricochet, il la subit. Elle passa par-dessus la tête des consuls, des juges et des officiers pour l'atteindre au cœur. Sans doute il faisait son possible, usait de toute son influence pour sauver les victimes de l'échafaud ou des galères ; il joignait souvent sa protestation à celle des nouveaux Convertis ; mais c'était au nom de la religion, dont il était le représentant officiel, que les dragons opéraient les conversions, que les consuls imposaient les amendes ou envoyaient en prison, que les juges condamnaient aux galères ou à l'échafaud.

Cette haine, fille de la faiblesse, devait tôt ou tard faire explosion. Le poète et le prophète : voilà les deux forces qui, dès 1686, apparurent dans ce peuple de vaincus et de meurtris. Ils dirent tout haut ce que chacun pensait tout bas. Ils aidèrent ce peuple à balbutier ses craintes et ses espérances, ses amours et ses haines.

Le premier chanta la défaite, l'abandon dans lequel Dieu laissait son peuple ; la haine de ce même peuple pour les oppresseurs de sa conscience. Le second lui fit entrevoir la délivrance prochaine, et sut entretenir dans le cœur de quelques fidèles d'abord, réveiller ensuite dans l'âme de beaucoup, une invincible espérance dans la restauration d'une religion que l'immense majorité avait abandonnée sur un ordre du roi. Le prophète et le poète, et non l'or de l'étranger, voilà le sauveur du protestantisme, voilà le vainqueur de Louis XIV.

Le poète n'a pas eu dans les Cévennes une influence aussi considérable que le prophète. Cela tient à plusieurs causes, indépendamment de la langue. Le français n'était pas la langue maternelle de ce peuple. Qui aurait songé, à cette époque, à se servir de ce patois, à le perfectionner et à l'assouplir pour lui faire rendre tous les sentiments de ce peuple?

La première cause du peu d'influence du poète sur ces populations, je la trouve dans l'objet même de son sujet.

Toutes ces poésies sont populaires. Elles s'adressent au peuple. Or, ce peuple ne pensait guère alors à chanter. Ses misères étaient trop grandes, ses vexations trop nombreuses, son âme trop triste. Si on voulait les classer dans un genre de poésies, elles se rapprocheraient de l'élégie. L'élégie n'est jamais un genre populaire; elle peut s'adresser à quelques esprits, mais ne sort pas d'un cercle toujours assez restreint.

Le drame qui aurait pu émouvoir ce peuple, soulever sa colère, lui faire rejeter le joug de fer qui pesait sur lui, il ne fallait pas y songer. L'épopée? il aurait fallu avoir le temps de la composer, sinon le génie.

Il ne lui restait que la chanson : il en usa, et encore, quelles difficultés pour la composer au milieu des tracasseries sans nombre, des poursuites incessantes dont ils étaient l'objet, des menaces qui, continuellement, grondaient sur leur tête.

Composer des chansons? Le sujet était vaste, mais à cette époque la théorie de l'art pour l'art n'avait pas beaucoup d'adeptes. Quand Claude Menut composait ses poésies, il pensait surtout à ses frères malheureux. Il voulait leur fournir un chant plus approprié à la circonstance, où ils auraient retrouvé sur les lèvres les sentiments intimes de leur âme.

Or, ici le poète allait se buter contre la routine, disons mieux, contre une habitude respectable. A cette époque, les protestants ou nouveaux Convertis étaient essentiellement religieux. Dès leur enfance, ils avaient chanté dans les temples les psaumes de Marot. Ce livre, souvent avec la musique, lui avait suffi jusque-là, et personne n'ignore l'attachement que le peuple garde toujours pour ces vieux livres, dans lesquels il a appris à prier et à chanter.

Sans doute Louis XIV avait fait des ordonnances pour obliger les nouveaux Convertis à se défaire de ces livres. L'intendant de Languedoc y apporta toute son application, et innombrables, puis-je dire, furent les perquisitions dont j'ai retrouvé le procès-verbal au sujet de ces livres.

Malgré toutes les recherches, consuls et officiers furent incapables de les saisir tous ; et, le soir, dans beaucoup de familles, le père sortait du fond d'un coffre, de dessous la cendre, ou allait déterrer ce vieux livre de Marot, et fredonnait, avec ses enfants et ses domestiques, ces anciens cantiques qui leur rappelaient, à tous, les jours où ils pouvaient les chanter librement dans leurs temples.

Il ne fallait pas songer à introduire de nouveaux chants dans les assemblées, où tout, autant que faire se pouvait, se passait absolument comme dans les réunions au temple avant l'édit de Révocation.

Le peuple des Cévennes ne comprenait donc pas la nécessité de nouveaux chants. Son livre de psaumes suffisait à tous ses besoins, et certains s'appliquaient parfaitement à sa situation présente.

L'air connu, — et on remarquera que quelques-unes de ces poésies sont faites pour être chantées sur l'air de certains psaumes — il restait encore à apprendre les paroles. Et quelles difficultés pour se les procurer. On ne pouvait en faire que des copies, et ils n'étaient pas bien nombreux ceux qui étaient capables de les faire.

Aussi le peuple préférait-il le sermon d'un prophète à une poésie. Poète et prophète lui parlaient sans doute à peu près dans les mêmes termes. Tous deux lui reprochaient sa faiblesse — le poète plus doucement —; tous deux faisaient vibrer dans son cœur l'espérance; mais le prophète, par son éloquence, arrivait plus facilement au cœur. Il était compris par une foule plus considérable. Le poète, au contraire, devait, pour les raisons que j'ai données, avoir toujours un cercle plus restreint.

A cette cause, vient s'en ajouter une autre. Le prophétisme, comme je le démontrerai un jour, est vraiment un produit du sol cévenol. Il y est né, il s'y est développé. Il n'est pas venu, comme on l'a cru jusqu'ici, du Dauphiné ou du Vivarais. Le prophète est un homme du peuple, un cardeur, un travailleur de terre, un homme de peine. Cette similitude de position et d'origine explique l'influence du prophète. En est-il de même pour le poète ?

Deux questions se posent dès l'abord. Ces poésies sont-elles cévenoles ? Ont-elles vraiment pour auteurs les hommes du peuple sur qui elles furent saisies ?

Evidemment, en ce moment je ne parle pas des deux poésies sur la destruction du temple de Montpellier ; je ne parle pas non plus de La Rouvière qui en a écrit le plus grand nombre. Pour lui, la question est toute tranchée ; il n'est pas homme du peuple, et surtout il n'est pas cévenol. Sans doute le long séjour qu'il a fait dans les Cévennes, les travaux qu'il y a entrepris, l'amitié qui l'a uni à Vivens et à Brousson, tout semble donner droit de cité à ce gentilhomme de Bergerac, et nous devons le considérer comme un homme de nos montagnes.

Ces poésies sont-elles vraiment cévenoles ?

A cette question, je réponds sans hésiter par l'affirmative. Elles ont été composées par des protestants des Cévennes ; elles portent en elles-mêmes leur marque d'authenticité ; elles ont un goût de terroir.

Je ne m'arrêterai pas à faire constater les nombreuses expressions patoises que l'auteur a employées et qui viennent naturellement sous sa plume. Son cerveau pense autant en patois qu'en français, peut-être même plus en patois.

Deux ou trois exemples suffiront à démontrer ce que j'avance.

Ainsi le verbe *s'amasser* qui, dans le patois des Cévennes, signifie se rassembler et s'apprêter.

> La meurtrière race
> De Caïn *s'amasse*
> A nous accabler.

Tel encore le mot trafic ou trafique, comme l'écrit notre poète ; qui signifie agacement, tracasseries, etc.

> Car par de *trafiques*
> Fausses et iniques
> Sommes tourmentés.

Enfin l'expression : *être de compte* qui, en français, a un sens opposé au patois. En français, cette expression signifie : mériter d'être compté ; en patois, n'être rien du tout. C'est sûrement dans ce sens que le poète l'a employée.

> Car en fin de compte
> Vous *serez de compte*
> Jusqu'au dernier point.

Le lecteur trouvera d'autres expressions semblables dans ces poésies, qui prouvent péremptoirement qu'elles portent en elles-mêmes leurs preuves d'authenticité. Elles ont été composées par des Cévenols, qui, malgré la connaissance assez approfondie qu'ils avaient de la langue française, n'ont pu toujours complètement se débarrasser de la langue qu'ils avaient parlée dans leur enfance, et dont ils se servaient eux-mêmes dans leurs rapports quotidiens.

Ont-elles été écrites par des hommes du peuple ?

Ici, je ne puis répondre aussi catégoriquement. Colognac, par exemple, s'est dit l'auteur de la poésie trouvée sur lui. Or lui-même va tout à l'heure nous fournir un point de comparaison. Je doute que ces poésies, malgré leur imperfection, soient sorties du cerveau de ces hommes du peuple.

J'ai lu en effet bien des lettres de cette époque. J'ai vu ces paysans essayer d'exprimer en français, dans une langue qui n'était pas la leur, leurs sentiments, leurs regrets, leurs doléances. Il y a de ces lettres, écrites des pays étrangers, ou même de prison, qui vous arrachent des larmes, et on devine les efforts que ces pauvres gens ont dû faire pour se servir de la langue française. Je ne parle pas de l'orthographe qui devient pour le chercheur un véritable casse-tête. La phrase est d'une incorrection remarquable, et souvent ils ont mis en pratique ce mot de Montaigne : que le patois y arrive.

Et le patois y est arrivé, et ils ont pu exprimer leur idée.

Or, dans ces poésies, chacun pourra s'en convaincre, il y a une connaissance assez approfondie de la langue française, malgré quelques tournures qui sentent le terroir et leur donnent le cachet d'authenticité ; mais il y a aussi une facilité d'expression qui nous étonne pour des gens du peuple.

De plus, le rythme qu'ils emploient dénote une certaine éducation littéraire. Sans doute Boileau, qui, quelques années auparavant, avait régenté le Parnasse, n'aurait pas été flatteur pour ces poètes. Ils violent trop ouvertement son art poétique. La rime n'est pas toujours riche ; mais pourvu que ça rime un peu, c'est tout ce que demandent nos poètes. Peu leur importe la succession des rimes masculines ou féminines. Ils arrivent à composer quelques vers, à rendre les sentiments de haine ou d'amour de ceux qui les lisent : ça suffit.

Nous avons d'ailleurs un terme de comparaison ; et c'est l'un des auteurs de ces poésies qui va nous le fournir.

Dans son interrogatoire, Colognac a revendiqué la paternité de la poésie qui fut trouvée sur lui au moment de l'arrestation, et dont voici la première strophe avec l'orthographe de l'auteur.

> Courage donc, mes chers amis,
> Et bannissons tous les anuis
> Quy pouroit tourmanter notre âme.
> Ne soyons jamais efrayés
> Puisque nous [sommes] assurés
> Contre lardeur de cette Infâme.

Voici maintenant une lettre de ce même Colognac. Je tiens à la publier en son entier, malgré sa longueur, et à lui conserver son orthographe. Sans nul doute possible, elle est la mieux faite, la mieux écrite de toutes celles que j'ai copiées.

De Pésenas le (   )

Monsieur,

Après vous avoir salué et soueté autant ou plus dé bonheur qua moy meme vous souetant ausy un heureix Retour dé votre voyage. Je vous diray comme je suis veneu Dans cette ville ou j'y ay truvé un homme dé nos cartiers quy ma compté cé quy se pasoit dans les péys mais en particulier les calonies atroces qué lon ma acusé don jen suis extraordinérement afligé. Il m'a dit que j'étois acusé detre un murtrier et enfin qué le bruit couroit par tout qué je vous avois coupé des arbres a vous, et que je vous voulois tué ce qui est une fauseté la plus grande du monde car je né croy pas que j'aye persone dans lé monde quy aye sujet dé plainte contre moy, et il n'y a point dé persones quy né soient pousés par lé diable quy puissent tenir un tel propos car sachés monsieur que je suis chrétien par la grace de Dieu et qué jé say ses comandements selon quy sont conteneux aux dux tables dé la loy. Dieu mest témoing comme je n'ay jamais pancé a ces choses et il man justifiera un jour devant son trone. Sachés, monsieur, qué cest pour un autre sujet qué je suis persécuté dé cé qué je nan ay pas honte puisque cest pour la querelle de Dieu et pour lé maintien dé sa Religion pour laquelle jé souffrirois tous les tourments du monde : mais au fons après toutes ces calonies noires et détestables jé mé console en la pureté qué j'en suis par la grace de Dieu je voy lors qué je fuillie la sainte Bibles plusieurs examples quy me consolent quant jé voy qué dé sy saintes personnes, comme les profétes et les apotre, mêmes notre Seigneur Jésus-Christ ont été chargés dé calonies et d'oprobes extrêmes Mephiboset ce pauvre prince né respirait qué la conservation et lé service dé David cepandan son perfide serviteur lacusa contre la vérité dé n'avoir pas suivi lé Roy David lors qu'il sanfuyoit dé devant Absalon son fils comme nous lé voyons au segon livre dé Samuel, ch. XVI, et comme nous pouvons encore voir au livre des Roix qué Naboth fust acusé par dux faux témoingtz qu'il avait blasfemé contre Dieu et contre lé Roy, ce qui étoit lé plus faux du monde Amatha sacrificateur de Béthel fit entendre à Jéroboam Roy disraël qué lé proféte Amos avoit conspiré contre luy lé peys dit-il ne pouvoit pas suporter toutes ces parolles, comme nous voyons au ch. VII d'Amos. On a aussi treté les apotres comme des mutins et des sédissieux comme nous lé voyons aux Actes, ch., XXIV : nous avons, disait-on dé saint Peaul truvé cest homme pestilant et émouvent sedision entre tous les Juifs par tout lé monde. Jésus-Christ a été calonié dé méme car on la apelé Belzebeut prince des diables perturbateur du repos public. Tout cela me fait certes une grande consolation avec plusieurs autres examples quy sont conteneux dans cette sainte parrolle ; mais quy plus est ma consiance né mé fait point dé reproches. C'est là ma plus grande consolation. Vous devés étre bien persuadé qué je né mes poserois pas en aucune magnière qué pour la gloire dé Dieu. Tout lé grand regret qué jay est dé voir qu'autre foix on vous aurait regardé comme un pillier de la Religion, mais aujourdhuy vous aves bien changé de nom, malheureusement. Permetes moy dé vous dire ces choses qué jé m'étonne grandement comant vous quy aviés comancé par l'esprit voulés vous finir par la chair comant pouvés vous croire un autre purgatoire qué le sang de Notre-Seigneur J.-C. et coment pouvés vous croire un limbes et adorer lé boix et la piere : coment pouvés vous prandre les saints bienheureux pour vos interceseurs contre ce qué nous voyons sy exprés dans la parolle de Dieu un seul Dieu tu adoreras et tu né te feras aucune image taliée ni resamblance aucune des choses quy sont là haut aux cieux ny icy bas en la tere tu né té prosterneras point devent elles et né lé serviras car je suis le seigneur ton Dieu. Recognoisses je vous prie qué Dieu est jaloux de sa gloire il ne donnera point sa gloire à un autre ny sa louange aux images taliées donc il ne veut pas qué nous prenions d'autres intersesseurs qué son fils bien aimé, car comme dit l'apôtre nous avons un seul moyeneur et encore sy quelqu'un a péché nous avons un avoquat envers lé pére à savoir Jésus-Christ lé juste quy est la propisiasion pour nos péchés et comant pouvés vous croire qué J.-Christ soit dans une ostie s'y grand et s'y gros comme étoit sur l'arbre de la croix contre cé quy nous est dit dans la parrolle de Dieu quy est monté au ciel à la destre de Dieu son père et quil né viendra que pour juger les vivens et les morts lequel comme dit saint Piere aux actes, ch. III, v. 21, il faut qué lé ciel lé contiene jusques au tamps du restablissement de toutes les choses qué Dieu a prédites par ses saints profétes. Au reste, mon cher monsieur, je vous prie dé fère quelques réflexions sur ces chosses et sur vous memes, panses bien qué ce n'est rien de gagnier tout le bien du monde sy on fait perte dé son âme.

Considerés qué la Religion qué vous avez embrasée est la Religion du diable comme vous lé pouvés voir dans lé ch. IV dé la première à timotée ou il y est dit proprement qué dans cette Religion se défan de se marié et comande de s'abstenir dé viandes qué Dieu a crées pour les fidelles contre l'ordonnance dé lapotre aux Corintiens mangés dé tout cé quy sé vant à la boucherie san vous en enquérir pour la consiance et comme dit l'apotre au ch. XIII des Ebreux, honorable est lé mariage entre tous et la couche sans tache et sans macule, et il y a tant d'autres chosses qué je né puis metre sur le papier à cause de la brieveté, mais pansés, je vous en prie, a doner gloire à Dieu par une pronte repantance. Jé vous en prie pour votre propre salut et par les entraillies dé la miséricorde divine, faites comme saint Pierre revenes dé votre égarement car il vaudroit mieux qué vous nuisés jamais cogneu la voye dé justice que non pas après l'avoir cogneué se détournés arière du saint commandement quy vous avait été baillié. Jé souète votre conversion du profon dé mon cœur et ne manque pas à implorer la miséricorde dé Dieu pour votre conversion dans mes prières. C'est pourquoy jé vous suplie de féré un autre jugement de moy qué dé croire qué jé vois tel qu'on m'avoit dépaint à vous. Je finis en priant Dieu quy vous conserve, quy vous garde, quy vous bénisse et quy vous convertice, quy vous face la grace de revenir heureusement de votre vojage. Voila, mon cher monsieur, le désir ardan qué jay pour votre prospérité me disant pour ma vie votre trés humble et affectione serviteur.

P. COLOGNAC[1].

Malgré sa longueur, cette citation était nécessaire. Elle nous servira d'abord de terme de comparaison, comme je l'ai dit, et surtout nous permettra de pénétrer dans le cerveau d'un protestant, d'y voir sa mentalité, d'y toucher même du doigt la nourriture dont il le bourre tous les jours.

Je n'ai pas souligné certains mots, certaines tournures surtout, qui dénotent, dans l'auteur de cette lettre, un homme qui sait le français, mais avec quelle inexpérience il sait s'en servir. La syntaxe surtout l'embarrasse ; quelquefois même, il ne peut en avoir raison et aussitôt la syntaxe de sa langue maternelle arrive à son secours.

Cependant, il faut l'avouer, parmi tous ces paysans que la nécessité obligeait à écrire des lettres, Colognac est un savant. Mais ce n'est pas une raison suffisante, je crois, pour lui attribuer la paternité de la poésie dont il se dit l'auteur. Comparez la lourdeur de la phrase de la lettre, l'incorrection de la syntaxe, les nombreuses tournures patoises, avec la strophe suivante à laquelle nous ne pouvons refuser une certaine légèreté de rythme, et surtout une correction de style que vous chercherez vainement dans la lettre que j'ai citée.

> Sy quelqué foix nous ont trouvés,
> Quand nous nous sommes asamblés
> Parmi les bois dans la campagnie,
> Ils nous ont tous tirés dessus
> Nous ajant pris et puis pandus
> Et nous chassant par les montagnies.

[1] Arch. int. C. 173.

Ou encore cette autre.

> Il faut souffrir pour J.-Christ
> Les souffrances que l'Antéchrist
> Nous fait souffrir dans cé bas monde.
> Pour être heureux dedans les cieux,
> Il faut souffrir dans ces bas lieux
> Toutes les souffrances du monde.

Nous sommes loin, on l'avouera, de la lettre de Colognac et de tout le fatras biblique dont il l'a remplie ; pour tous ces motifs je ne puis croire que la lettre et la poésie aient été conçues par le même cerveau.

Ce n'est pas à cause de la bassesse de leur origine que je refuse d'attribuer à Colognac, Roques ou Claude Menut la paternité des poésies qui furent trouvées sur eux. Je dis qu'il faut rechercher l'auteur dans un autre milieu, parmi ces pasteurs ou ces gentilshommes nombreux, qui restèrent dans les Cévennes, et gardèrent toujours dans leur cœur en le dissimulant — Brousson le leur reproche assez — l'amour de leur ancienne croyance. Ils étaient plus familiarisés avec la langue française ; ils étaient seuls capables de s'en servir d'une manière aussi parfaite.

Les fautes de syntaxe, les mots patois, ne sont pas une preuve contre mon assertion. Il suffit d'avoir feuilleté quelques rapports faits à l'Intendant par ses subdélégués, les Rouvière, les Chastaing, les Barbara, tous juges cependant, pour se convaincre de suite que nous ne sommes pas en présence de puristes. Il y a dans tous ces rapports des mots, des expressions, qui arrêteront, quelque temps, quiconque n'a pas une connaissance assez approfondie du patois.

J'attribue donc la paternité de ces poésies à quelque pasteur ou gentilhomme de nos Cévennes, ou à tout autre qui occupait une situation sociale au-dessus du paysan. Les assemblées défendues, dispersées souvent à coup de fusil ; leurs compatriotes envoyés aux galères ou à la potence ; les voix des prophètes qui, dès 1636, se firent entendre dans les Cévennes pour reprocher la dissimulation et la faiblesse aux Nouveaux Convertis, émurent quelques-uns de ces cœurs, et la poésie vint d'elle-même effleurer leurs lèvres. Ils mirent en vers ce qu'on se racontait dans les longues veillées d'hiver, dans les maisons perdues de ces mas perchés sur la montagne : la dernière assemblée surprise, le dernier prédicant arrêté, jugé, exécuté ; la dernière fournée envoyée aux galères, le sermon du dernier prophète qui était passé. Au récit de tous ces tourments, de ces vexations, de ces abus de la force, la conscience de ces montagnards se révoltait. L'espérance renaissait au fond de leur âme, aux accents de la voix du prophète, et avec l'espérance, la haine poussait dans leur âme ses racines encore plus vivaces contre ces hommes, juges, consuls, officiers qui les pressuraient d'une manière indigne, au nom d'une religion toute de paix et d'amour, et cette haine grandira tous les jours et elle ira jusqu'au trône.

Or, à ce point de vue, ces poésies présentent à l'historien une valeur documentaire de premier ordre. Bien mieux qu'avec les ouvrages, un peu déclamatoires, et parsemés d'erreurs, des écrivains protestants de l'époque, elles nous permettent de pénétrer dans l'âme de ce peuple, de connaître ses véritables sentiments, et surtout d'assister à l'évolution qui s'opéra dans son âme de 1685 à 1690.

Qu'on ne s'étonne pas du jugement que je porte en cet endroit. J'ai vu défiler devant moi tous les grands prédicants de cette époque, depuis Fulcrand Rey jusqu'à Brousson, jusqu'aux chefs camisards plus connus : les plus fameux prophètes, depuis Rocher et Amalry jusqu'aux prophètes camisards en passant par Astier et la fameuse Isabeau ; j'ai suivi devant Barbara, Rouvière, Daudé, de Mandajor, etc., des milliers de gens du peuple ; j'ai vu couler leurs larmes, entendu leur défense et leurs protestations, non d'après les récits de Claude ou d'Elie Benoit, mais d'après leurs propres réponses. Ces poésies, éparses çà et là dans les liasses, sont le résumé exact des sentiments de ce peuple. Je le répète, elles sont un document historique de premier ordre, et, à ce titre, elles méritent de sortir de la poussière où elles reposaient depuis deux siècles.

Fixons d'abord la date de leur composition, car elle coïncide avec une évolution qui s'opéra dans l'âme du peuple, sous l'influence de Vivens et des prédicants, payés par l'or étranger. La résistance dévie tout à coup ; Brousson est débordé, et alors commence dans les Cévennes l'ère des assassinats, en même temps que, pour la première fois, nous trouverons dans les écrits de l'époque des paroles de haine contre Louis XIV, et des appels aux secours des étrangers : les protestants des Cévennes feront alors pour la première fois des vœux pour le triomphe des ennemis de la France.

Cette fois, les poésies de La Rouvière nous seront d'un grand secours. Il y a dans les vers de ce gentilhomme un ton que nous chercherions vainement dans les autres et aussi dans les documents de 1685 à 1689. C'est ce ton qui nous servira à fixer la date de composition des autres poésies que je fixe sans hésitation entre les années 1685 et 1688.

La raison vaut la peine d'être exposée.

Beaucoup d'écrivains, surtout parmi les catholiques, n'hésitent pas un instant à écrire que les protestants étaient des factieux, toujours prêts à la révolte, faisant des vœux pour l'abaissement de leur roi ; et que c'est là une des raisons de l'édit de Révocation.

A mon avis, ce n'est pas exact ; soyons justes et n'accablons pas des vaincus, leur attribuant des sentiments qu'ils n'avaient pas en 1685.

Ce qui domine l'âme protestante pendant les années qui suivirent immédiatement l'édit d'octobre 1685, c'est un dévouement absolu au Roi, un véritable attachement. Pendant les deux années (1685-1686) je n'ai trouvé, dans les interrogatoires ou les enquêtes, aucune allusion au secours que les protestants attendaient de l'étranger. Bien plus, comme je le prouverai, dans mon livre sur les *Fugitifs*, 1686 ne fournit pas un aussi grand nombre d'expatriations que les années suivantes. Je crois que, sans se tromper, on peut avancer que pendant les années 1687 et 1688, le nombre des fugitifs fut double de celui de 1686.

Voici quelques chiffres pour quelques communautés du diocèse de Mende. D'après les rapports signés par les consuls en janvier 1687, Marvejols compte à cette époque onze fugitifs ; le Colet de Dèze, quatorze ; Florac, sept ; Saint-Privat de Vallongue, huit ; Cassagnas, zéro ; Saint-Etienne de Valfrancesque, quatre.

Dans le rapport de Rouvière, juge de Marvejols, signé le 22 mars 1688, nous lisons :

Marvejols, vingt-neuf fugitifs ; le Collet de Dèze, trente-trois ; Saint-Etienne de Valfrancesque, quinze ; Saint-Privat de Vallongue, dix-neuf ; Cassagnas, deux, et Florac, huit.

Nous pouvons en dire autant des diocèses de Nîmes — celui d'Alais n'existait pas alors — d'Uzès, de Montpellier, de Viviers.

Je ne crois pas que dans le seul Languedoc, pendant

l'année 1686, il y ait eu un millier de fugitifs sur une population que nous pouvons estimer à 200.000 protestants.

Ce peuple ne pensait donc pas à fuir, en masse, à laisser ses villages déserts, ses terres incultes comme certains historiens se plaisent à le répéter.

Il ne pensait pas non plus à traiter avec l'étranger. Et avec qui, je le demande, — le Roi d'Angleterre était catholique — les Etats de Hollande auraient-ils pu traiter? Quel était l'homme assez en vue en 1685 et même en 1688, pour pouvoir parler au nom de ses coreligionnaires?

Bien plus, dans toutes leurs prières, à cette même époque — et nous devons toujours croire l'homme qui prie, car alors il ne trahit pas ses véritables sentiments — les nouveaux Convertis, réunis au désert, ou le soir en secret dans une chambre retirée de leur demeure, demandent à Dieu de bénir leur roi.

En 1687 seulement, j'ai trouvé UNE conversation entre Dumas, l'ancien pasteur de Vézenobres, dont j'ai parlé plus haut, et un paysan. Dumas lui annonce la possibilité d'une intervention étrangère.

Une conversation, c'est bien peu, alors que, dès janvier 1686, des paroles d'espérance étaient sur toutes les lèvres, et se répercutaient de Gignac à Marvéjols, de Castres à Uzès. Oui, ce peuple attendait un secours; il n'en avait pas pour trois ans de cette vie d'oppression, disait-il, mais le sauveur, ce n'étaient pas les états de Hollande, encore moins le roi d'Angleterre, le sauveur, c'était Dieu lui-même.

Dans l'exil, leurs pasteurs pensaient à eux, me dira-t-on, et renouaient les liens qui avaient toujours uni les protestants de France avec leurs coreligionnaires d'Europe. Et, à mon tour, je demande quelle confiance pouvaient avoir dans leurs pasteurs ces mêmes fidèles. Ils ne leur avaient pas donné l'exemple de la résistance à des lois oppressives, ni de fidélité à leur religion. Ceux qui avaient donné l'exemple de soumission, qui avaient préféré la pension de Louis XIV au pain de l'exil, ceux-là étaient surtout dans les Cévennes.

1686 et 1687 furent les années de la soumission. Ce peuple fut stupéfié de sa chute. Il n'avait pas encore pu se ressaisir; et lui-même se demandait, avec anxiété et l'âme pleine de remords, comment Dieu avait pu ainsi les abandonner. Fin octobre et commencement de novembre 1685, les temples sont démolis, et la seule difficulté que j'aie trouvée à ce sujet, était de savoir ce qu'on ferait de ces pierres. Ils assistèrent à la démolition de leurs temples sans opposer la moindre résistance, sans formuler aucune protestation.

De 1688 à 1690, Vivens commence à jouer un rôle prépondérant. Il a des relations avec l'étranger : il va à Genève, en revient avec des instructions et une pension assez forte du roi d'Angleterre. Il veut rétablir la religion par la révolte, par le sang, par la terreur; alors commencera cette série d'assassinats qui, du curé de Saint-Marcel de Fonfouillouse, et de Lambert, second consul d'Anduze, de Bagars, consul de Lasalle, en passant par l'abbé du Chayla et les autres personnages un peu marquants des Cévennes, se terminera par les massacres de Fraissinet-de-Fourques, de Chamborigaud, de Potelières, de Saturargues et tant d'autres qui font frémir.

Comme premier résultat de cette influence dominante du pasteur et du prédicant sur le poète et le prophète, le prophétisme se cache pour ne réapparaître qu'après la paix de Ryswick. Ce peuple sans doute invoque bien encore son Dieu ; il a confiance en sa cause, mais ce n'est plus la foi des premiers jours. Un espoir humain est apparu à ses yeux. Alors le peuple apprend à maudire Louis XIV, à prier pour le roi d'Angleterre, à faire des vœux pour le succès de ses armes, à espérer le rétablissement de sa religion, non plus par la justice seule de sa cause, qui, pour lui, se confond avec celle de Dieu, mais par la force des armées étrangères.

Cette conclusion qui découle de l'étude attentive des documents contemporains, est aussi celle qui découle de la simple lecture de ces poésies. On y trouve la mentalité de ce peuple, son remords, son espérance. Il avoue son péché, le confesse, et, par cette confession humble, espère toucher le cœur de Dieu irrité. Jamais aucune parole déplacée contre Louis XIV. La Rouvière ne sera pas si retenu ; et de même que les premiers poètes avaient, dès 1686, chanté le secours qui viendrait d'en haut, le prédicant du désert, le compagnon de Vivens et de Brousson, chanta le secours qui viendrait de l'étranger, et le premier fit entendre dans nos Cévennes le cri de haine contre Louis XIV.

Pour tous ces motifs, il faut fixer la date de ces poésies entre les années 1686 et 1688. Celles de La Rouvière, au contraire, ont été composées après 1690.

Les poètes cévenols

Maintenant que la date est fixée, je dis que ces poésies sont un des documents historiques les plus intéressants que je publierai sur cette époque si mouvementée de notre histoire.

Quand un poète s'adresse au peuple, quand il veut que ses poésies lui aillent au cœur, il faut qu'il soit toujours en conformité de sentiments avec ce même peuple. Il devient alors un initiateur ; il apprend à ce peuple à parler ce qu'il bégayait ; mais pour cela il doit rester dans la vérité historique.

Il y a plus : pour un peuple croyant et pieux, craignant Dieu, ayant horreur de tout péché, comme l'étaient les protestants en 1685, c'est une obligation pour le poète, s'il veut réussir, de rester dans la vérité, et de ne pas recourir à la calomnie. A ce point de vue encore ces poésies sont précieuses pour l'historien qui veut connaître la mentalité de l'âme protestante.

Dans les poésies trouvées sur Claude Menut, Fabre, Roques et même Colognac, c'est en vain que vous cherchez les déclamations que tous les historiens ont répétées depuis Claude et Court de Gebelin contre le clergé de France en général, de Languedoc en particulier.

Si le clergé des Cévennes avait joué le rôle d'oppresseur et de dénonciateur qu'on lui attribue, est-il croyable qu'aucun de ces poètes n'y aurait fait allusion ? Si le peuple avait haï ce même clergé, est-il possible que dans aucune poésie, l'auteur n'aurait pas trouvé une place pour une strophe contre l'évêque ou le curé, comme il y a trouvé place pour le pape ? Les preuves surabondent, au contraire, que le curé et le vicaire perpétuel, en contacts quotidiens avec les nouveaux Convertis, firent tous leurs efforts pour adoucir tant de rigueurs, et comprirent — à part quelques rares exceptions — que leur ministère était avant tout un ministère de paix et de concorde, ils surent d'une manière générale s'attirer l'estime et la confiance des nouveaux Convertis. Autant que ceux-ci, ils gémissaient de l'immixtion continuelle du pouvoir civil dans le domaine de la conscience, de ces punitions arbitraires, infligées à leurs fidèles, nouveaux catholiques, tandis qu'on ne punissait pas les anciens catholiques qui manquaient la messe, ou ne faisaient pas leurs Pâques.

Dans ces poésies, il y en a une où le poète met en scène un curé, un capucin et un nouveau converti. Ce n'est pas la meilleure du recueil au point de vue du style. Chose remarquable : ce n'est pas sur le curé, mais sur le capucin que le poète déverse sa bile et attire la confusion. Le rôle du curé n'a rien de désobligeant : en est-il de même du religieux ?

Ce sarcasme à l'adresse du capucin qui se lit dans ces vers ne doit pas nous surprendre. Au lieu d'être les auxiliaires du clergé séculier, de se laisser guider par ces curés qui avaient des rapports quotidiens avec leurs fidèles, et faisaient tous leurs efforts pour diminuer la rigueur des ordonnances, les religieux se firent, au contraire, dans toutes leurs missions, les auxiliaires du pouvoir civil qui les payait. Tous ne furent pas des subdélégués officiels, mais ils se crurent investis du pouvoir de faire appliquer par les curés les ordonnances du roi ou de l'intendant dans toute leur teneur. Ils parlent au clergé des campagnes avec autant de désinvolture que les juges, et les amènent souvent à des difficultés presque insurmontables, ou du moins leur créent des situations bien difficiles, et leur attirent la haine de leurs paroissiens. C'est ce qui arriva, pour ne citer qu'un fait, au vicaire de Valleraugue.

Il y a un autre fait qui attira sur les religieux la haine des nouveaux Convertis. Ce furent deux jésuites qui furent chargés par Lamoignon du contrôle des biens des consistoires et des pauvres, et furent chargés de faire le rapport pour la cour. Ce furent ces deux jésuites qui indiquèrent à l'intendant les moyens les plus propres à spolier les consistoires, à faire rentrer les legs faits pour l'entretien des ministres et du culte. Quelle impression devaient avoir les nouveaux Convertis, en voyant ces religieux faire estimer le sol de leurs temples ou leurs cimetières, se faire présenter des comptes vieux de trente ans pour y trouver des erreurs et voir s'il n'y avait pas un reliquat quelconque.

Les fonctions plus modestes, que le clergé des campagnes remplit — quelques-uns malheureusement ne voulurent pas s'en contenter — lui attirèrent la sympathie et la confiance des nouveaux Convertis.

Et cette remarque est d'autant plus importante que la haine de l'Eglise romaine, une haine violente, implacable — l'insulte même parfois envers le Pape, — suinte de ces poésies.

La dispersion des assemblées, la violation quotidienne du domicile, les perquisitions arbitraires, les condamnations à mort ou aux galères reviennent bien souvent dans ces strophes. Si les curés s'étaient transformés en capitaines, si, comme certains se plaisent à nous le dire, ils avaient, à la tête des dragons, amené les nouveaux convertis à la foi romaine, les évêques et les curés n'auraient pas été plus épargnés que le Pape ou le capucin.

Pendant cette première période, le peuple a suivi d'instinct la vivacité de sa haine, et a compris tout de suite quels étaient ses véritables ennemis. Les prédicants ne font pas sentir leur influence encore pour détourner contre le clergé des campagnes la rancune des nouveaux catholiques. La réalité était trop triste et fournissait un ample sujet pour que le poète ne fût pas obligé de recourir au mensonge et à la fiction poétique, créer de toutes pièces tout un drame où l'erreur se serait mêlée à la vérité, où l'erreur même, poétisée, aurait pu peu à peu fausser les événements. Peut-être devons-nous savoir gré à ces poètes — ces rimeurs si l'on veut — de ne pas avoir du génie. Ils auraient créé de toute pièce des *Châtiments* qui, au point de vue historique, auraient eu la valeur du chef-d'œuvre de Victor Hugo. Ils en ont été incapables. Le protestantime mourant n'a pu produire même un Agrippa d'Aubigné.

Ces hommes donc qui n'avaient pas le génie créateur, ont raconté fidèlement les faits tels qu'ils se sont passés sous leurs yeux, comme des chroniqueurs, et enregistré les sentiments de leurs compatriotes. Ils ont haï l'Eglise catholique parce que c'était en son nom, par une confusion regrettable du spirituel et du temporel, que les officiers dispersaient, souvent à coups de fusil, les assemblées du désert, et que les juges envoyaient à la mort. L'Eglise romaine, le Pape, a subi par ricochet la haine de ce peuple, haine qui aurait dû s'arrêter aux officiers du pouvoir civil. Les nouveaux Convertis n'ignoraient pas la situation du curé, sa dépendance d'esclave vis-à-vis de l'intendant. Pouvaient-ils lui en vouloir, eux qui avaient été si dociles à un signe du maître, eux qui savaient que l'amende et même la prison attendaient le curé qui aurait été réfractaire aux ordres du Grand Roi?

Sans doute ce fut un tort : le clergé aurait dû faire entendre des paroles de charité chrétienne et revendiquer bien haut les droits de la conscience. Ce n'était pas seulement au confessional qu'il aurait dû tracer des limites au pouvoir civil.

Ne nous hâtons pas cependant de condamner cette conduite. Souvenons-nous que 1682 n'est pas loin de l'époque dont je parle, et que les évêques ne furent pas toujours à la hauteur de leur tâche. N'oublions pas que Fléchier est à Nîmes, administrant ce diocèse sans aucune autorité, et que, pour échapper aux censures, il a dû recourir à des expédients.

Mais, encore une fois, tout le monde constatera ce fait indéniable. Dans ces poésies il n'y a pas un mot de blâme contre le clergé, pas une insulte, pas une parole déplacée.

Voilà ce que nous apprennent ces poésies, que j'appellerai populaires, non pas parce qu'elles ont été très répandues dans le peuple, mais parce qu'elles ont exprimé et traduit les sentiments de ce même peuple.

Jusqu'ici nous n'avions entendu qu'une voix, non celle de ces proscrits, mais celle des pasteurs et des prédicants. Je démontrerai plus tard dans une étude sur les *Prophètes*, que les pasteurs ont à dessein recouru aux moyens violents, fait dévier ce peuple de la voie, je ne dis pas seulement de la soumission, mais de la componction, de la miséricorde et de la pénitence, du prophétisme en un mot, qui aurait provoqué peu à peu une explosion des consciences, et aurait obligé Louis XIV à revenir sur ses ordonnances.

Je ne crois pas avec Brousson que la cause protestante fût absolument perdue après la soumission de 1685 ; mais avec lui je suis persuadé que les « hommes de sang » lui ont porté un grand préjudice et diminué la sympathie qu'aucun historien bien renseigné ne leur aurait ménagé.

Aussi longtemps, en effet, que ce peuple fut livré à lui-même, qu'il écouta la voix de ces hommes qui disaient avoir reçu d'en haut leur mission pour lui prêcher la pénitence et lui annoncer le pardon, on trouve dans les événements contemporains des assemblées nombreuses, des coups de fusil tirés de part et d'autre, des tués dans les deux camps, mais on ne trouve pas trace d'assassinats. Ce peuple essentiellement religieux a foi dans l'invincibilité de sa cause ; il espère inébranlablement que Dieu se laissera fléchir, lui pardonnera son péché, et rétablira de nouveau son église. C'est l'âge d'or du prophétisme que le lecteur retrouvera dans ces poésies, qui sont certainement les plus belles du recueil.

Lisez bien ces poésies : Ce n'est plus Claude qui parle et qui ment, faisant dégénérer l'histoire en pamphlet. Ce n'est plus Elie Benoît qui tâche de nous émouvoir et de nous apitoyer par ses exagérations. C'est la voix tout entière d'un peuple qui gémit, qui est pressuré, qui va à l'échafaud ou aux galères, sans avoir la force de confesser sa foi devant les juges, et qui demande à Dieu de l'assister, de le délivrer de son péché, de soutenir sa faiblesse parce qu'il fait pénitence.

Si, après les avoir lues, on n'est pas disposé à les couronner, il est impossible qu'on ne sente naître au fond du cœur une grande sympathie pour ces victimes.

C'est tout un côté de l'âme protestante, inconnu jusqu'ici, qui se dévoile et nous permet de pénétrer jusque dans ses derniers replis.

Allons encore plus loin. Je me garderai bien, certes, de comparer ces poésies un peu frustes aux chefs-d'œuvre qui illustrèrent ce siècle. J'ai beau chercher cependant parmi ces génies, je n'en trouve pas qui aient eu cette mélancolie, cette poésie intérieure de l'âme. Ils ont demandé au dehors les sujets de leur inspiration. Tous ont été éblouis par le Grand Roi qui incarnait le pays : leur poésie est faite sur son image. Ils ont vu tant de belles et grandes choses, qu'ils n'ont pas eu le temps de s'extérioriser et de descendre au fond de leur âme : ils n'ont pas assez souffert.

Sous ce rapport, ces poésies ont un cachet d'originalité. Dans ce siècle de fastueuse grandeur où le luxe, les belles manières, les grandes entreprises cachaient bien des misères, dans un coin retiré de nos Cévennes, quelques pauvres Français faisaient retentir les échos de leurs montagnes des cris de leur douleur, et une poésie humaine venait d'elle-même se placer sur leurs lèvres pour les aider à balbutier les premiers mots d'une langue qui n'était pas la leur. Ils ne chantaient pas les actions d'éclat qui illustraient le grand règne ; leurs vers savaient se plier aux douleurs et aux espérances de ces proscrits.

On me dira que le protestantisme mourant n'a pas pu inspirer un homme, que ces poésies ne font que confirmer les paroles de Michelet.

C'est vrai, et c'est la dernière question qu'il nous reste à étudier.

C'est un phénomène extraordinaire dans l'histoire de voir disparaître un peuple dans une pareille pauvreté. Il semble, au contraire, que tout peuple mourant, ramasse tout ce qu'il a de sang, de force et d'énergie, pour susciter un homme, qui parlera une dernière fois en son nom, et laissera un testament à la postérité.

Ici, rien de tel : peu à peu tous les temples ont été démolis, les pasteurs sont partis pour l'exil ; les neuf dixièmes ont abandonné leur religion ; de l'autre dixième, la moitié est partie pour l'étranger ou « roule » dans les montagnes ; beaucoup sont aux galères, un moins grand nombre est monté ou montera à l'échafaud. Pasteurs et fidèles ont assisté, impassibles, à tant de ruines, et n'ont pu tirer du cœur un de ces cris qui retentissent à travers les âges.

Et cependant ce peuple faisait sa lecture quotidienne dans le livre le plus poétique qui existe, dans la Bible. Il en était nourri, il s'en était bourré. Il ne pouvait écrire une lettre sans y emprunter des passages entiers, comme nous l'avons vu plus haut pour Colognac. Ce livre était sa consolation, son soutien ; il y avait plus d'une ressemblance entre lui et le peuple juif. L'un nous a donné les lamentations de Jérémie que tous les peuples lisent : l'autre... assis aux sommets de ses montagnes abruptes d'où il pouvait apercevoir tant de ruines, il n'a pu nous donner que quelques poésies, enfouies pendant longtemps, et qui ne sont souvent qu'une paraphrase de passages de la Bible.

Il y a une autre ressemblance entre le peuple juif et le peuple protestant. En l'an 70 de notre ère, quand les anges eurent quitté le temple, quand Dieu eut complètement abandonné son peuple, quand l'abomination de la désolation fut dans le lieu saint, quand le temple fut brûlé, quand le peuple fut dispersé, ce même peuple fut si stupide de sa chute, qu'il ne put balbutier aucun mot. De ce peuple de prophètes, pas un ne s'éleva pour chanter une pareille catastrophe : pas un ne reprit la harpe de David ; il avait épuisé dans sa haine contre le Messie toute la sève vitale que Dieu lui avait infusée.

Le protestantisme à son tour avait épuisé cette sève que lui avait transmise le catholicisme. Un poète prend trop de vie, pour qu'à cette époque, il put s'en élever un dans ce peuple faible et sans conviction qui sentait lui-même que Dieu l'avait abandonné. Il n'y eut pas de poète, parce qu'il n'y eut pas de martyr.

Ce fut là certainement la première cause. Pour chanter ces ruines accumulées si rapidement et si nombreuses, il aurait tout d'abord fallu les défendre ; il aurait fallu que les poitrines se présentent aux démolisseurs ; il aurait fallu avoir la foi ; or c'est la foi qui manqua ; la foi qui engendre l'amour, par conséquent l'héroïsme.

Un poète suppose l'inspiration : il nous semble bien qu'il est un être surhumain, en qui la divinité vient se reposer. Les anciens, plus religieux que nous, plus près peut-être de la vérité que nous ne le sommes sur ce point, ne concevaient pas autrement le poète ; et, devant leurs chefs-d'œuvre, ne pouvant croire que de telles beautés fussent sorties d'un cerveau humain, ils en attribuaient la plus grande part à la divinité : *Deus ecce deus.*

Vaincus par tous les éléments humains, sans force, sans énergie, les protestants du Languedoc ne surent que gémir et que haïr. Dieu les avait abandonnés, et, s'ils le retrouvèrent, ce fut pour tomber dans les hallucinations du prophétisme. Sous ce rapport, ils furent d'une richesse incomparable, et toute ville, tout petit village qui se respectait, devait avoir son prophète ; c'était plus facile que de produire un poète.

Cette anémie provient, me dira-t-on, des misères même de ce peuple, obligé continuellement de se cacher, de faire rentrer en son âme ses vrais sentiments, de se suicider en un mot. Sa véritable poésie, c'est les assemblées au désert sous la conduite d'un prophète ou d'un pasteur, ces mariages, ces baptêmes célébrés la nuit au fond d'un bois, loin du regard du juge ou de l'officier.

Cette explication est loin de résoudre la difficulté et de donner une solution au problème ; car enfin, toute la question est là : le protestantisme est-il la vérité, est-il venu régénérer l'homme, est-il venu développer le moi humain, et lui donner la force de résister à la tyrannie ? Toute la question est là en ce moment. Or, si vous résolvez par l'affirmative toutes ces propositions, pourquoi n'a-t-il pas suscité des hommes héroïques ; comment expliquer qu'à un moment donné, sous l'oppression d'un gouvernement, tous aient succombé, tous aient vu renverser leurs temples, chasser leurs ministres, sans qu'un mouvement populaire s'organise, sans que quelques individus protestent de leur attachement à cette religion? Comment enfin, puisque leur grande poésie c'est les assemblées du désert, les prisonniers nient-ils y avoir participé?

Il y a eu dans ce peuple, à ce moment-là, un dessèchement du cœur, une anémie cérébrale, une faiblesse de caractère qui dérouteront toujours les psychologues. Les poésies que je publie, loin d'affaiblir ce jugement ne feront que le confirmer encore.

Mais il y a plus. Tout dans ce peuple devait être stérile, même sa haine.

Certes, elle est bien violente contre l'Eglise romaine la persécutrice, la prostituée de l'Apocalypse. A tout instant des malédictions s'élèvent contre elle et un pasteur au désert ne peut faire un sermon sans lancer quelques invectives, et même quelquefois de basses injures.

Certains poètes ont trouvé dans la haine le succédané de l'amour. La haine a été pour eux la source de l'inspiration, et, en traits indélébiles, ils ont gravé le stigmate honteux sur le front de leurs ennemis. Chaque vers a été une lanière avec laquelle ils ont frappé dru sur la chair.

Y aurait-il des degrés dans la haine? une haine féconde et une haine stérile?

Descendons encore plus bas, si c'est possible, dans l'âme de ce peuple, et mettons-la bien à nu.

Qu'y avait-il au fond de son âme? Demandons-nous ce qu'il y avait dans ses temples et tout alors s'expliquera.

J'ai lu les inventaires des consistoires du Languedoc. Tous sont bien sommaires : quelques vases en argent, quelquefois en verre pour la Cène, quelques serviettes, une nappe. Et c'est tout. Le temple — quelquefois c'était une maison prêtée par un particulier — ne rappelait pas à l'âme protestante les émotions que l'église rappelle toujours au cœur du catholique.

Pourquoi aurait-il défendu ce temple? Ce n'était pas la maison de Dieu. Dieu lui-même n'y habitait pas. Pourquoi se serait-il attaché à ces vases, même d'argent? Que lui rappelaient-ils? Rien. On s'en était servi pour célébrer la Cène, sans doute; mais la Cène qu'était-elle? un symbole figuratif de ce qu'avait fait Jésus-Christ : rien de plus.

Le protestantisme est la religion du souvenir. Y a-t-il rien de plus oublieux que le cœur humain?

Il n'y avait donc rien qui attachât ce peuple à ses temples et il sentait lui-même que le Dieu qu'il invoquait était bien loin de lui. Ce peuple était déraciné, trop loin de l'idéal.

A quoi servait le temple? A entendre la lecture d'un livre divin, livre de vie et de mort à la fois, la Bible. Pour un pareil usage, on pouvait se passer de temple.

Ce livre si poétique, le peuple le comprenait-il? Nullement. Supposons même un moment qu'il l'eût compris, un livre donne-t-il à un peuple la force de résister à une oppression comme celle que connurent les protestants à cette époque?

Une bonne lecture peut donner un moment de courage; mais la parole, même la parole divine, n'entraîne pas, avec elle et par elle, le secours d'en haut. A ce peuple, il aurait fallu autre chose qu'une lecture, pour l'encourager dans la voie de la résistance, pour donner à sa conscience connaissance de ses droits.

Rien n'est plus pitoyable d'ailleurs que l'usage qu'ils font de ce livre sacré. Plus haut, j'ai voulu citer tout au long une lettre de Colognac. C'est un tissu de textes de la Bible, une série d'exemples, qui ne riment à rien, et qui marquent une stérilité complète de l'esprit protestant.

Ce livre est une nourriture trop forte pour être jetée sans discernement en pâture à un peuple. Il lui donne un semblant de connaissances religieuses qui atrophient son âme, s'emparent à ce point de ses facultés qu'elles lui enlèvent toute énergie et toute initiative.

Au lieu de se développer naturellement, d'avoir son génie propre, ce peuple atrophie son moi; il ne pense plus par lui-même, il pense par autrui.

Imiter la Bible? Ils n'essayèrent même pas, et ils ne pouvaient pas l'imiter. Il aurait fallu, pour cela, une force de caractère, d'intelligence que personne n'avait parmi eux. Il aurait fallu qu'ils pussent marcher seuls, les yeux fixés sur ce livre sacré pour s'en inspirer ; et ils ne furent que des enfants, capables tout au plus de la transcrire et d'en réciter par cœur quelques passages, les passages surtout qu'ils pouvaient plus facilement appliquer, dans leur haine, à l'Eglise romaine.

Il est bien pénible pour un historien de se trouver ainsi en face du néant, et, de quelque côté qu'il se tourne, de n'apercevoir qu'un grand vide.

Je comprends maintenant que les historiens n'aient pas voulu descendre dans l'âme de ce peuple pour la scruter, la sonder dans tous ses replis. L'amour de la religion n'a pas fait germer dans son cœur ce qu'a fait pour d'autres peuples l'amour d'une patrie terrestre.

Pauvre peuple, digne de toute notre sympathie! mais encore une fois sondez bien cette âme, regardez-la bien en face, tournez-la dans tous les sens, et dites-moi si, en vérité, elle mérite les couronnes que certains lui donnent à profusion.

Les quelques centaines de vers que je publie ne feront que fortifier ce que j'avance en ce moment.

Leurs mérites, je les ai fait ressortir suffisamment sans avoir besoin d'y insister encore ; mais quel désappointement pour beaucoup après les avoir lues !

C'est pour cela, que j'ai voulu tirer de l'oubli ces poésies ; j'ai voulu qu'elles aussi fussent un témoin historique du néant de cette âme, et qu'elles nous apprennent le vide immense, la solitude dans laquelle elle devait vivre.

Je me résume : le protestantisme fut, en 1685, d'une faiblesse qui nous surprend. Ses fidèles manquèrent de courage ; au lieu de montrer l'attachement à leur foi, ils cachèrent leurs véritables sentiments. Ils voulurent faire un essai loyal. Cette faiblesse fut une des causes de l'édit de Révocation. Pourquoi Louis XIV aurait-il hésité un instant à révoquer l'édit de Nantes, puisque les protestants mettaient tant d'empressement à embrasser le catholicisme. Les premiers coupables de cet acte ce sont les protestants : un peuple n'est digne de la liberté qu'autant qu'il sait la défendre.

Les 200.000 protestants du Languedoc ne purent fournir à Brousson les 10 ou 20 martyrs qu'il demandait pour arrêter Louis XIV. Il n'y eut pas des martyrs, il y eut des victimes.

Pas de martyrs, pas de convictions, pas d'amour : il n'y eut pas de poète. Quelques poésies, çà et là, marquent les essais de ce peuple pour dire ses souffrances et ses misères ; il a essayé, il a tâtonné, puis soudain, comme étonné de lui-même, stupide de sa chute première, il est retombé ; et alors il a pris la seule poésie dont il fut capable : le sang a coulé dans les Cévennes, depuis l'assassinat de Lambert et de Bagars jusqu'aux massacres de Belvezet, de Fraissin et de Fourques et de Saturargues...

CHAPITRE II

DEUX POÉSIES SUR LA DÉMOLITION DU TEMPLE DE MONTPELLIER. — COLOGNAC DIT DAUPHINE, SES POÉSIES. — CLAUDE MENUT DE MARVÉJOLS, SES POÉSIES. — ENTRETIEN D'UN CURÉ, D'UN CAPUCIN, ET D'UN NOUVEAU CONVERTI. — PIERRE PAPUS DE LA VERDOGIE, DIT OLIVIER, DIT LA ROUVIÈRE, SES POÉSIES. — JACQUES ROQUES, SES POÉSIES.

DEUX POÉSIES SUR LA DÉMOLITION DU TEMPLE DE MONTPELLIER

Chanson spirituelle.

De Montpellier le saint temple,
  Sans exemple,
Fut rasé totalement;
Et la chaire abattue,
  Dépourvue
De ses précieux ornements.

Ceux de l'Eglise Romaine
  Sont en peine,
Que mal faire aux protestants;
Ils s'assemblent et consultent
  Et insultent
Les enfants du Tout-Puissant.

Pour aller ouïr le prêche,
  Si l'on prêche,
Dans les lieux les plus affreux,
Alors nos prières grandes
  Pour offrandes
Monteront jusques au cieux.

Allons suivre l'Evangile
  Dans quelque île
Pour être en sûreté,
Car toute notre espérance
  D'assurance
Est au Dieu de vérité.

Allons, mes très chers frères,
  Dans les terres
Qu'on prie Dieu autrement ;
Et abandonnons la France,
  Des souffrances,
Nos biens ès appartement.

Tous les écrits des Apôtres
  Sont les nôtres,
Qui susciteront toujours
Pour prêcher de ville
  L'Evangile,
Attendant de Dieu secours.

Vous verrez sortir en file,
  De la ville,
Quantité des habitants,
Pour aller chercher pâture,
  Nourriture,
De ce grand Dieu tout-puissant.

Chanson nouvelle.

Ceux de l'Eglise Romaine
  Sont en peine
Quand et qui viendra le temps
Qu'on nous abatte nos temples ;
  Par exemple,
N'en seront pas plus contents.

On verra sortir la file
  De la ville
Quantité des habitants ;
Chacun avec sa famille,
  Fils et filles,
S'en iront battre les champs.

S'en iront ouir le prêche,
  Là on prêche,
Car chacun est soucieux ;
Jugez bien que c'est que d'être
  Afin d'être
Dans le royaume des cieux.

Il faut suivre l'Evangile
  Bien utile
Afin d'avoir sauvement ;
Car toute notre espérance,
  D'assurance,
Est au nouveau Testament.

Tous les écrits des apôtres
  Sont des nôtres,
Ont souffert persécution ;
On prêche de ville en ville
  L'Evangile :
C'est la vraie religion.

Conclusion il nous faut faire
  Sur cette affaire,
Car nous sommes tous affligés,
De voir une si grande rudesse
  De tristesse
Dedans notre Montpellier.

Liuvre de chansons espirituelles quy commance insy sur la démolition du temple de Monpeillier du pd XXXVII las enta.

De Monpeillier.

COLOGNAC DIT DAUPHINÉ

Prédicant, prophète et poète, Colognac dit Dauphiné s'attribue ces trois titres : il aurait pu y ajouter celui d'assassin.

Paul Colognac naquit au village du Cros ; dans son interrogatoire du 5 octobre 1693, il dit qu'il est âgé de vingt-trois à vingt-quatre ans : il est donc né vers 1670, avait quinze ans lors des conversions générales en 1685, et n'abjura pas ; c'eut été, dit-il lui-même, « le plus grand péché qu'il put faire ».

Il s'enfuit dans les bois, et y tient des assemblées. Sa mission ? Dieu la lui a donnée : elle est extraordinaire comme le temps où il vit.

Avec la Rouvière, les Plans, Lapierre, Laporte, la Jeunesse, Languedoc, il s'attache à Vivens et à Brousson ; cependant il ne veut reconnaître aucune supériorité dans ces deux derniers. Deux fois Lamoignon lui pose la question ; deux fois il répond « qu'ils étaient tous égaux ainsi que les disciples de Jésus-Christ ».

Sa défense est belle : il est l'un des rares protestants, avec la Rouvière, qui aient confessé courageusement leur attachement au protestantisme ; et son caractère, son énergie, son courage inspirent de la sympathie.

N'oublions pas qu'il a affaire à terrible partie. C'est Lamoignon en personne qui l'interroge.

« Interrogé qui lui a appris à prêcher.

« A dit que Dieu lui a appris étant dans la campagne.

« Interrogé, pourquoi il a prêché n'étant pas ministre.

« A dit qu'il n'est pas nécessaire d'être ministre et que dans les actes des apôtres, Priscille et Achillée ont prêché sans avoir de mission.

« Interrogé pourquoi il a fait des assemblées.

« A dit que c'est parce que Dieu le commande, que son corps est au Roi mais que sa conscience est à Dieu.

« A lui remontré que saint Paul dit devant le gouverneur de la province pour prouver son innocence qu'il n'avait pas fait d'assemblée, ce qui marque que c'est un crime de s'assembler contre la volonté du prince.

« A dit qu'ils s'assemblaient pour prier.

« A lui remontré qu'il a tenu des assemblées où on a porté des armes, ce qui est contre les ordres du Roi.

« A dit qu'il y en avait, mais que ce n'était point de son consentement. »

J'ai voulu donner textuellement ce passage de son interrogatoire du 5 octobre 1693. Ces réponses témoignent la fierté de son âme de paysan. Un homme instruit aurait trouvé dans la Bible d'autres réponses, et celle des apôtres devant le sanhédrin était tout indiquée ; mais n'oublions pas que depuis l'âge de quinze ans, Paul Colognac court dans les bois, et prêche ; enfant du peuple, son instruction est nécessairement bornée.

Un crime pèse sur sa mémoire : l'assassinat de Bagars, le

consul de Lasalle. Colognac l'a toujours nié. Même dans son interrogatoire de question, le 13 octobre 1693 ; il ne cessa de crier, dit le procès-verbal : mon Dieu, aie pitié de moi.

Malgré ses dénégations, Paul Colognac est coupable ; le grand coupable sans doute c'est Vivens, l'homme néfaste de cette époque, le vendu à l'étranger, le pensionné de Guillaume d'Orange. C'est Vivens qui a détourné le courant du prophétisme : il a exercé une influence délétère sur ses satellites, jusque sur Brousson. De cet homme on n'en dira jamais assez de mal. Sans Vivens, la réaction aurait eu lieu, lente, il est vrai, mais je crois fort que le protestantisme français n'aurait pas à se reprocher ce fleuve de sang qui a noyé nos Cévennes. Il n'y a pas un prophète de 1686 à 1700 qui n'inspire des sympathies. Qui a détourné ce courant ? Vivens et les prédicants, et les ministres venus de l'étranger, payés par lui, pour inspirer la haine du Roi, et prêcher la révolte.

C'est Vivens qui a attaché au dos et à la poitrine de Paul Colognac cette inscription infamante que Lamoignon y fit suspendre, le jour où il fut rompu vif à Marsillargues :

Assassin et perturbateur de l'ordre public.

Colognac s'est reconnu l'auteur de la poésie qu'on va lire : plus haut j'ai dit ce que j'en pensais.

Voici le passage de son interrogatoire.

« Lui avons représenté une feuille sur laquelle sont écrits plusieurs couplets de chanson, et l'avons interpellé de déclarer de quelle main ils sont ; et nous a dit qu'il a composé cette chanson et qu'il l'a écrite, et l'a pareillement paraphée ».

Voici cette poésie.

> Courage donc, mes chers amis ;
> Et bannissons tous les ennuis
> Qui pourraient tourmenter notre âme.
> Ne soyons jamais effrayés,
> Puisque nous [sommes] assurés
> Contre l'ardeur de cette Infâme.

> Cette superbe Babylon,
> Parmi grands soldats et dragons,
> Nous a fait passer triste vie,
> Croyant que par ses cruautés
> Les villes et communautés
> Lui seraient bientôt asservies.

Elle ne songeait pas alors
Que à nous faire de grands torts,
En nous mettant sous sa puissance ;
Mais Dieu a pensé autrement,
Et lui fait voir tout maintenant
Une terrible résistance.

Elle a fait sans droit à tort
Souffrir plusieurs cruelles morts
Aux fidèles qui sont en France,
Croyant ainsi les étonner
Et en même temps les ranger
Sous sa protection et défense.

La plupart ont été pendus ;
Les autres sont étendus
Sur les roues les plus infâmes ;
Les galères et les prisons
Sont pleines d'hommes et de garçons
Ou bien de filles et de femmes.

Quand nous nous sommes assemblés
Par les déserts ou par les bois,
Ou parmi chambres retirées,
Sont venus, cherchant après nous,
Etant affamés comme loups,
Cherchant nos saintes assemblées.

Si quelquefois nous ont trouvés
Quand nous nous sommes assemblés
Parmi les bois dans la campagne,
Ils nous ont tous tiré dessus,
Nous ayant pris et puis pendus
Et nous chassant par les montagnes.

Grands cruautés ont exercé
Certes, d'un et d'autre côté,
En poursuivant nos pauvres frères.
Ce sont de cruels ennemis
Qui nous causent de grands ennuis
Tant à nous comme aussi à nos frères.

Mais nous ne nous étonnons pas ;
Plutôt endurons le trépas
En délaissant tout ce bas monde.
Nos ennemis se lasseront,
Quand nos souffrances ils verront
Parmi toute la terre ronde.

Il faut souffrir pour Jésus-Christ
Les souffrances que l'Antéchrist
Nous fait souffrir dans ce bas monde.
Pour être heureux dedans les cieux
Il faut souffrir dans ces bas lieux
Toutes les souffrances du monde.

C'est pour un chemin épineux
Qui faut entrer dedans ces lieux
Pour y recevoir la couronne
Que Jésus-Christ nous a promis
Pour mettre fin à nos ennuis.
O ! que c'est une chose bonne...

Dans cette même liasse, dans le dossier de Colognac, j'ai trouvé aussi les vers suivants :

Las ! mon Dieu, je sens mon âme
Qui de grand désir se pâme.
Las ! quand il faut que ces traîtres je voye,
Je meurs d'ennuis de quoi si lâchement
De ta parole ils ont laissé la voie.
Donne-nous ton secours d'en haut
Contre celui qui nous assaut,
Renversant par ta bonté grande
De ces haineux toute la bande.

Arch. int., C. 173 (dossier Colognac).

CLAUDE MENUT DE MARVEJOLS

Le 1er décembre 1686, Rouvière, juge à Marvejols, recevait une lettre de l'évêque de Mende, lui envoyant quelques vers, et le priant de découvrir les auteurs ou tout au moins l'écrivain.

Rouvière était un des juges les plus terribles que possédât Lamoignon ; c'était un fin limier pour trouver les coupables. Le lendemain, Claude Menut était arrêté et interrogé.

Claude Menut, âgé de 29 à 30 ans, était fils de Georges Menut, notaire. Il devait donc avoir une certaine éducation et culture intellectuelle. Au milieu de septembre 1685, au moment où commençaient les conversions en masse, il avait suivi M. de

Chambrun ; à Clermont ce dernier prit la poste pour Paris, et Claude revint au pays natal où il abjura.

Rouvière lui met sous les yeux le manuscrit. Claude reconnaît son écriture, mais nie être l'auteur de ces poésies. Il y a six mois, dit-il, qu'il les a vues entre les mains de demoiselle Louise Meissonnier, femme de Castanier : Il les lui « demande pour en faire une copie, ne doutant pas que ces vers ne fussent venus des Cévennes, et n'eussent été apportés en ville par le sieur Malbernat, de Saint-Etienne », beau-frère de Louise Meissonnier.

En même temps, continue Claude Menut, dans ce même interrogatoire, passe le fils de Claude Jourdan qui lui demande de vouloir bien lui en faire une copie.

Le juge veut savoir l'époque précise où Claude a fait cette copie. N'oublions pas que l'inculpé est un nouveau converti. Ses réponses varient, et, dans le même interrogatoire : il y a dix mois, un an, quinze mois qu'il a vu ces poésies dans les mains de Louise Meissonnier.

A son tour, Louise Meissonnier est interrogée, elle nie avoir eu l'original.

Claude Jourdan, appelé par le juge, confond Claude Menut. Son fils n'a pas pu lui demander une copie de ces vers : il était en effet à l'école à Ganges, et n'est de retour que depuis le mois d'août 1686.

Dans le dossier je n'ai pas trouvé le résultat de ce procès. J'ignore à quelle peine il fut condamné : mais tout me porte à croire qu'il n'échappa pas indemne des mains de Rouvière que nous aurons l'occasion de retrouver ailleurs, et qui fut la terreur des nouveaux convertis.

Ce qui est sûr, c'est que le 17 février 1687, il est encore en prison à Marvejols et bien malade : on devait probablement le transporter à Montpellier pour y être jugé. Il fut examiné par deux docteurs, médecins de l'université de Montpellier, Gabriel Guyot et Jean Dulignon, et un chirurgien, Maurice Chatanier, tous trois de Marvejols. Ils nous apprennent que Claude Menut est « atteint d'un crachement de sang et fièvre et d'une grande faiblesse qui l'oblige à tenir le lit de manière qu'il ne saurait entreprendre aucun voyage à pied ni à cheval ».

A noter encore que Claude Menut n'a pas fait ses Pâques : il veut auparavant se faire instruire pour les faire dignement

Je ne veux pas attribuer à Claude Menut la paternité de ces poésies, puisque lui-même ne veut pas les reconnaître ; mais la date qu'il leur assigne pour leur composition, septembre 1685, n'est certes pas la vraie. La seconde strophe nous prouve que ces vers ont été composés après l'édit d'octobre 1685. Si Claude Menut leur a assigné une date aussi ancienne, c'est uniquement pour diminuer sa culpabilité. C'est au commencement d'octobre que les communautés des Cévennes se convertirent. Jusqu'à cette époque, les protestants pouvaient entendre la parole de Dieu. Les temples ne furent démolis qu'en novembre, et ne furent fermés qu'après le 28 octobre. De plus, en octobre il y eut peu de fugitifs ; comment l'auteur de ces poésies a-t-il pu les voir fuyant dans les montagnes ?

En fixant, au contraire, la date de leur composition vers le milieu de l'année 1686 — première date assignée par l'inculpé lui-même — ces poésies deviennent alors un document historique, reflétant l'état des Cévennes et les sentiments du peuple.

C'est à cette date que je m'arrête.

Quand est-ce, Seigneur,
Que verrons l'honneur
De ton nom très-saint
Exalté en France
Sans crainte et nuisance
De ce peuple feint ?

Quand sera, hélas !
Qu'aurons le soulas
Et la liberté
D'ouïr ta parole,
Mandement et rôle
De ta vérité ?

Sera-ce à jamais
Que serons troublés ?
Car, pour nous blâmer,
La meurtrière race
De Caïn s'amasse
A nous accabler.

Veux-tu que pourceaux,
D'ordures vaisseaux,
Portent le laurier
En l'ordure et fanges
De leurs dieux étranges,
Et nous larmoyer ?

Las ! où irons-nous ?
Et que ferons-nous ?
Si par ta pitié,
Et miséricorde,
Vers nous ne s'accorde
Ta grande bonté !

Tu vois clairement
Nos maux, et comment
En perplexité
Sommes d'heure en heure,
Sans que nul secoure (sequeurre)
Notre infirmité.

Par gens fourvoyés
Sommes aboyés,
Et de maux couverts,
Dont, parmi campagnes,
Marchons les montagnes,
Fuyant les pervers.

Nous n'avons support
N'aucun réconfort
Qu'à toi seul, Sauveur ;
Car notre espérance
Git en ta clémence
Et grande faveur.

Seigneur, hâte-toi,
Notre Dieu et Roi ;
Et nous viens tirer
De la grande misère,
Que ce grand vipère
Nous fait endurer.

Las ! ne permets point
Qu'on vienne à point
Des grandes cruautés ;
Car par de trafiques ;
Fausses et iniques
Sommes tourmentés.

Ote ce faux dieu,
Qui tient le milieu
De ce monde bas ;
Car c'est ce satrape
Qui ton église frappe
Par cruels combats.

Car pour se hausser
Il fait abester
Les princes et rois,
Qui, de ce maroufle,
Baisent la pantoufle
Et suivent les lois.

Rois, n'avez-vous point
Aperçu le point,
Que saint Jean décrit
Dans l'apocalypse,
De la vraie église
Et de l'Antéchrist ?

Il vous a séduits
Et toujours induits
A persécuter
Tous les vrais fidèles
Par des voies telles
Que produit l'enfer.

Donc, éveillez-vous,
Rois et princes, tous ;
Et plus ne dormez
En ce mortel somme,
Si voulez être en somme
De Dieu pardonnés.

Autrement sur vous
Sera son courroux
Et sévérité ;
Son ire indignée,
Sur votre lignée
Et postérité.

Advisez de près
Ce que très exprès
Il vous a enjoint ;
Car en fin de compte
Vous serez de compte
Jusqu'au dernier point.

La sévérité
De sa vérité
Et saint mandement,
Sans fin et sans terme,
Demeurera ferme
Eternellement.

Mais des consuls vains,
Des hommes hautains,
On verra enfin
Tourner en fumée,
Comme la bouée
Qui lève au matin.

Même en ce temps,
Plein de mécontents,
Chacun les connaît,
Ou, sans nul doute,
Du tout n'y voit goutte
S'il ne l'aperçoit ;

Car tous leurs efforts,
Résolus et forts,
N'ont pas empêché
Que les assemblées,
De Dieu ordonnées,
N'aient toujours été.

Grand Dieu Tout Puissant,
Donne au gémissant
Troupeau des Gaulois
Pleine délivrance
Et pleine puissance
D'ensuivre tes lois,

Et vous, chers amis,
En qui Dieu a mis
Gratuitement,
En la conscience,
Vraie connaissance
De son sauvement,

Siens vous a nommés,
Et environnés
De sa grande clarté,
Pour vous voir conduire
Et vous faire vivre
A l'éternité.

A ceux qu'aux ennuis
Des pauvres bannis
En toute saison,
Durant leurs misères
Se sont montrés frères,
Ouvrez vos maisons.

Et au nom de Christ,
Comme il vous écrit,
Vous leur subvenez :
En leur indigence
De votre substance
Les réjouissez.

J'entends à ceux-là
Qui çà et de là
Sont bannis, errants,
Par champs et par ville
Et pour l'évangile
Fuient les brigands.

Chanson spirituelle sur le chant du psaume 143

O Seigneur, la seule espérance
De tous ceux qui sont en souffrance,
Et le bouclier très sûr et fort,
De tôt nous secourir t'avance
Pour nous sauver en cet effort.

Las ! à toi nous crions sans cesse ;
Car notre ennemi point ne cesse
De nous poursuivre durement.
Seigneur, en cette grande oppresse
Regarde-nous piteusement.

Seigneur Dieu, tu vois le courage
De tous ceux qui nous font outrage,
Tu connais ta cause et comment
Ils désirent par leur grand rage
De nous tirer tous à tourment.

Et, d'ailleurs, embuche nous dresse
Satan cauteleux, qui, sans cesse,
Ainsi qu'un lion rugissant,
Nous environne et fort nous presse
De renoncer le Tout-Puissant.

A la chair et au monde ensemble
De souffrir tourment bon ne semble ;
Le corps frissonne tout de peur ;
Le cœur toujours palpite et tremble :
Bref, nous sommes tous en douleur.

Et, nous voyant dans cette presse,
A Dieu nous crions de détresse,
Levant au ciel les yeux vers toi :
Que ta bonté ne nous délaisse
Au milieu de grand émoi.

Ne veuille pas, Dieu, notre sire,
Nous visiter selon ton ire,
En donnant par ton jugement
A l'adversaire de quoi rire
Voyant notre trébuchement.

Mais de ton Fils en la face
Regarde-nous, et par ta grâce,
Tous les péchés qu'avons commis
Pardonne-nous, et les efface
Qu'ils ne nous soient en compte mis.

Que ton esprit nous fortifie,
Et ton très saint nom glorifie ;
Et nous, humbles serviteurs, tiens,
Jusques à la fin de la vie
Par ta main forte nous soutiens.

Chanson spirituelle sur le psaume 38.

Las! à nous, Seigneur, regarde
  Et ne tarde
De nous aider promptement ;
Que ta bonté adoucisse
  L'injustice
Qu'on nous fait à tout moment.

Seigneur, qui aux cieux habites,
  Et visites
Tous ces bas terrestres lieux,
Par ta divine parole
  Nous console
Et illumine nos yeux.

Aux douleurs de mort terrible
  Et horrible
Ne nous laisse point saisir,
Pour tôt trébucher nous faire
  Et complaire
Des ennemis au désir.

Ains plutôt que ta main forte
  Nous conforte
Et soutienne fermement,
Si, que de telle assistance
  Et constance
On reçoive étonnement.

Grand Dieu, ta main nous soutienne
  Et maintienne
Comme elle a fait au passé ;
Car tout ce que l'homme afferme
  Est moins ferme
Qu'un roseau déjà cassé.

Il promet et se propose
  Belle chose ;
Mais son cœur est caut et feint ;
Par quoi de telle malice
  Dieu propice
Garde-nous par ton nom saint.

Chanson spirituelle sur le chant du psaume 118.

O notre Dieu, par ta clémence,
Permets que soyons délivrés
De la prison, peine et souffrance,
Où à grand tort sommes livrés.

Vrai est, Seigneur, que plus grand peine
Nous méritons certainement,
Vu que par malice certaine
Nous t'offensons journellement.

Mais, ô bon Dieu, qu'il te souvienne
Que promesse tu nous as fait,
Qu'en Jésus-Christ, quoi qu'il advienne,
Pardonneras notre forfait

De la prison de tyrannie,
Des ennemis de vérité,
Délivre-nous sans vilenie
Par ta grande bénignité ;

Afin que, sans aucune crainte,
De leur puissance délivrés,
Nous te rendions louange sainte,
Etant hors de danger tirés.

Au large par ta grâce nous boutte,
Et ceux qui souffrent pour ton nom ;
De ta pitié ne nous reboutte,
Mais exauce notre oraison.

Donne-nous pleine délivrance
De nos poursuivants ennemis ;
Tu es notre ferme assurance ;
En toi seul notre espoir est mis.

Tous ceux qui, en ta sauvegarde,
Se sont mis en protection,
Ta bonté sauve et contregarde
De mort et condamnation.

Tu as préservé du déluge
Noé dedans l'arche et les siens ;
De Loth as été le refuge,
Sortant hors des Gomorréens.

Esaü, par courroux et ire,
Pourchassait Jacob à mort;
Mais pour cela ne put lui nuire
Car tu étais son support.

A Joseph as été propice ;
Tu l'as gardé et défendu
De ses frères qui, par malice,
Aux voyageurs l'avaient vendu.

Ton peuple affligé en Egypte
Par Pharaon cruellement
As délivré sous la conduite
De Moïse fidèlement,

David, ton serviteur fidèle.
Tu as de Saül défendu ;
Par toi Goliath infidèle
A été aussi confondu.

Dans l'ardente fournaise horrible,
Les trois enfants tu préservas ;
Aussi du grand poisson terrible
Jonas, ton prophète, sauvas.

C'est vérité, non chose fausse,
Que les lions as empêché
Qu'ils n'ont Daniel, dedans la fosse,
Et dévoré et dépêché.

Pierre, ton apôtre fidèle,
Par un ange tu as jeté
De la main et prison cruelle
D'Hérode, plein d'iniquité.

C'est chose aussi bien véritable
Que quand Paul était prisonnier,
Tu lui fus doux et favorable
Ce qu'on ne pourrait pas nier.

Conclusion. Nous voulons dire
Que toute puissance est à toi,
Si nous souffrons ci-bas martyre
C'est pour avoir place chez toi.

Et, s'il te plaît, par ta clémence,
Par Jésus-Christ délivre-nous ;
Et nous pardonne nos offenses
Car autrement c'est fait de nous.

Toutes ces pièces sont tirées des archives de l'intendance, liasse, C. 165, dossier Claude Menut.

La poésie suivante porte deux signatures : Fabre et de Mandajor : celui-ci était jugé à Alais. La première signature nous permet de fixer une date à cette pièce.

Henri Fabre de Lassalle fut arrêté en mars 1689. On trouva sur lui deux pièces, dont l'une sur les prophètes du Dauphiné est de la plus haute importance. L'interrogatoire de Fabre est du 30 mars 1689 : il a été arrêté dans le Vivarais. Chose remarquable : les trois pièces composant le dossier de ce Fabre, sont disséminées dans trois liasses différentes. L'interrogatoire se trouve dans la liasse 169 ; la poésie dans la liasse 182, et la pièce si importante sur le prophétisme en Dauphiné dans une autre.

Cette poésie, bien que je la crois inédite dans son entier, n'est pas tout à fait inconnue. Dans un auteur, — je ne me souviens plus du nom, — j'y ai vu faire une allusion : cet auteur ne la citait pas. La voici en son entier.

ENTRETIEN D'UN CURÉ, UN CAPUCIN, ET UN NOUVEAU CONVERTI QUI A ÉTÉ ENVOYÉ AUX ILES

LE CURÉ AU CAPUCIN
Un nouveau converti m'a dit qu'il trouve étrange
Qu'un prêtre crée Dieu, qu'il l'adore et le mange
En corps, en sang, en âme et en divinité :
Il dit qu'il ne croit pas cette réalité.

LE CAPUCIN
Et quoi ! depuis deux ans qu'il fréquente l'église,
Cette grande vérité n'aurait-il pas apprise ?
Vous êtes son vicaire et ne l'instruisez pas ?
Mais vous en rendrez compte au moment du trépas.

LE CURÉ
Vous êtes bien trompé, mon très Révérend Père,
Car j'y prends plus de soin que s'il était mon frère ;
Mais il se plaît à être dans son aveuglement ;
C'est un faux interprète du Nouveau Testament.

LE CAPUCIN
Dites : que vous répond ce méchant calviniste ;
Il est sans doute obstiné comme un anabaptiste.

Est-il homme d'études ? parle-t-il par raison ?
S'il fait trop l'opiniâtre, le faut mettre en prison.

LE CURÉ

Il raisonne si bien de *toute* la nature
Des quatre éléments, de la sainte Ecriture,
Qu'à le voir et entendre vous en sont (sic) tout charmé
Et de vos sentiments peut-être désarmé.

LE CAPUCIN

Hélas ! pauvre curé, je suis surpris d'entendre
Que vous autant que lui avez besoin d'apprendre.
Faites venir cet homme et vous verrez bien [tôt]
Qu'il sera si confus qu'il n'aura pas le mot.

LE CURÉ

Si vous le confondez d'écrit ou de parole,
Il serait bien surpris, quoique maître d'école,
Et je me doute que par raisonnement
Il n'ébranle à la fin vous et vos sentiments.

LE CAPUCIN

O malheureux curé, votre discours m'attriste.
Je vous vois, comme lui, un méchant calviniste,
Venez dedans ma chambre et je vous instruirai ;
Et, ne le faisant pas, je vous dénoncerai

LE CURÉ

Vous me faites affront, mon très Révérend Père,
Je suis bon catholique, je le crois et espère
Qu'il en sera de même a le voyes venir (sic)
Je m'en vais pour lui dire qu'il monte jusques ici.

LE CURÉ, *au maître d'école.*

Bonjour, bonjour, Monsieur, j'ai un mot à vous dire.
Il y a un père ici qui vient pour vous instruire ;
Mais il lui faut répondre tout de même qu'à moi
Dire vos sentiments, publier votre foi.

LE CAPUCIN, *au maître d'école.*

Bonjour, mon cher ami, dites-moi en franchise
Si vous croyez en Dieu, au saint Père et à l'Eglise,
La présence réelle au divin Sacrement,
Le feu du purgatoire. Répondez librement.

LE MAITRE D'ÉCOLE

Oui, je crois en Dieu, cette divine essence,
Qui de rien créa tout par sa seule puissance :
Le ciel, la mer, la terre, tout ce qu'elle contient ;
C'est lui qui la gouverne, c'est lui qui la soutient.

Je crois en Jésus-Christ ! au Saint-Esprit encore,
Et cette Trinité toute seule j'adore ;

Mais, pour votre saint Père, je n'en fais point de cas ;
L'église universelle je ne l'ignore pas,

Ce saint Père Romain, pour une injuste voie,
S'oppose à Jésus-Christ, faut-il donc que j'y croie ?
Lisez l'Apocalypse qui vous le dépeindra
Persécutant l'Eglise tant que Dieu le voudra

Cette persécution doit durer quelque année
Jusques en huitante neuf où sa fin est bornée
Suivant la prophétie du Nouveau Testament (sic)
Du septième chapitre de Daniel le voyant.

J'ai dit à mon curé que je trouve étrange
Qu'un prêtre crée Dieu, qu'il l'adore et le mange
En corps, en sang, en âme et en divinité ;
Je n'ai jamais pu croire cette réalité.

Nous croyons bien pourtant la présence réelle ;
Mais vous nous dénoncez qu'elle soit corporelle,
Vous croyez de le prendre par la bouche du corps,
Non pas celle de l'âme : c'est notre grand discord.

Est-ce incessamment ou de pure malice
Que vous avez ôté la coupe ou le calice.
Jésus-Christ dit de boire tous dans l'institution ;
Et vous nous faites croire que c'est une illusion.

Vous m'avez questionné aussi du purgatoire,
Que je n'ai jamais cru ni ne le dois pas croire,
Et que, dans notre église, passe pour une erreur,
Puisque du sang de Christ rabaisse la valeur.

Vous avez oublié de parler des images ;
Du mérite inventé des œuvres des plus sages ;
Et que un saint prophète a voulu comparer
Aux drapeaux de la femme qu'on ne saurait laver.

Dans les commandements, que Dieu bailla à Moïse,
Il lui fut défendu et à toute l'église
De faire des images ni de les vénérer.
N'est-ce pas un grand crime que de les adorer ?

Vous croyez vous couvrir avec le mot d'idole,
Trouvant l'image exprès dans la sainte parole,
N'est-ce pas chose étrange d'avoir le mot rayé
Quand saint Paul ou un ange vous l'aurait envoyé !

Consultez sur cela saint Paul en son épître
Première aux Corinthiens, quatorzième chapitre,
Vous nous êtes barbares : il vous le dit bien clair.
Mieux vaudrait cinq paroles que dix mille en l'air

Je suis aussi surpris de voir votre doctrine
Couverte du manteau de la langue latine.
Qu'apprendrai-je à la messe n'ayant point de latin ?
Cependant on me presse d'y aller chaque matin.

Vous dites que pouvez accomplir et parfaire
La loi de notre Dieu si vous le voulez faire.
Saint Paul vous est contraire ou vous est inégal :
Il ne le peut pas faire étant enclin au mal.

L'invocation des saints vous l'avez inventée,
Et ne sauriez montrer que Dieu l'ait commandée.
Notre Seigneur nous crie que, chargés de péchés,
Nous allions tous à lui pour être soulagés...

Devons-nous dire : *cœtera desiderantur ?* Tout porte à croire en effet que le maître d'école n'avait pas fini de faire part de sa science théologique. Il y manque la conclusion : la victoire certaine du protestant sur le capucin. Avec une connaissance si approfondie de la religion catholique et des Ecritures, la défaite de ce dernier ne peut faire un doute.

PIERRE PAPUS DE LA VERDOGIE, DIT OLIVIER, DIT LA ROUVIÈRE

Pierre Papus de la Verdogie, plus connu sous le nom d'Olivier, et surtout sous celui de la Rouvière, naquit à Chaignes, près Bergerac, vers 1670. En 1685 il n'abjura pas. Pourquoi vint-il dans les Cévennes ? Je l'ignore. Toujours est-il que son nom figure l'un des premiers parmi les compagnons de **Vivens** dont il subit l'influence. Tout porte à croire même qu'il le suivit jusqu'à sa mort, et qu'il était présent dans la caverne où Vivens vendit si chèrement sa vie.

Il fut aussi en relations suivies avec les pasteurs réfugiés à l'étranger et surtout avec Clarion, ministre réfugié à Lausanne.

Une lettre de son père, en date du 18/28 janvier 1694, nous fait connaître sa famille ; cette lettre lui est adressée à

Lausanne chez M. Clarion, d'où Pierre a dû écrire à sa famille retirée à Copenhague.

Son père pense que maintenant il viendra les rejoindre. Pour avoir voulu demeurer fidèles à leur Dieu, ils ont été envoyés à Copenhague depuis deux ans, grâce à l'intervention de la reine de Danemarck. Son frère, Lafon, est mort dans la maison de ville de Bordeaux. Maintenant ils sont tous réunis. Son autre frère « tâche de subsister par le moyen de la perruque » et on leur donne, aux parents et à la sœur, « de quoi subsister doucement ».

Pourquoi Papus de la Verdogie n'alla-t-il pas à Copenhague rejoindre sa famille ? Je le dirai plus tard, quand je parlerai des prédicants. Il revint dans les Cévennes, et le 7 février il fut arrêté à Montpellier en pleine rue. Il y était depuis un mois.

Le lendemain il comparaissait devant Loys, juge au présidial. Des charges terribles pesaient sur ce prédicant.

Cet homme est loin d'inspirer de la sympathie ; et je doute fort que les protestants fassent jamais de lui un martyr. Il nie tout, même ce qui devrait lui sembler un titre de gloire : le titre de prédicant. Il n'a pas prêché, n'a pas été en Hollande avec Vivens, et n'a quitté son pays que depuis un mois. Il s'est retiré à Montpellier pour y vivre tranquille. Il nie l'évidence même : il ne connaît pas Clarion chez qui son père lui a adressé la lettre que j'ai citée plus haut, et qui portait cette adresse : *Pour M. Papus de la Verdogie, chez M. Clarion, ministre réfugié à Lausanne.*

Ce qui préoccupe Loys, ce n'est pas tant le prédicant que l'assassin de Bagars.

D'abord la première question qui se pose est d'établir le nom et l'identité de l'inculpé. En effet, tous les témoins du drame ont déposé que La Rouvière fut un des principaux acteurs : il donna à la victime plusieurs coups de poignard.

Papus avoue s'appeler Olivier, mais nie s'appeler La Rouvière. Le juge lui présente plusieurs lettres qu'il ne peut contester : l'une du 9 janvier 1694, adressée à M. Olivier de la Rouvière, une autre du 27 septembre 1694, adressée à Papus-Rouvière ; une troisième du 26 septembre 1694, adressée à M. la Rouvière ou Papus. L'inculpé ne les nie pas : elles appartiennent à son frère à qui il les a prises après sa mort.

Le juge alors lui montre la lettre de son père datée du

18/28 janvier 1694 : il a un frère à Copenhague qu'il n'a pas vu depuis six ans ; son autre frère est mort en prison, comme le lui apprend son père. Or, toutes ces lettres sont de date récente.

L'accusé se tait : il est convaincu de mensonge.

Le juge aborde ensuite la question principale : l'assassinat de Bagars, le consul de Lassalle.

Il le nie évidemment comme il a nié plus haut avoir été en Hollande avec Vivens, comme il a nié s'appeler la Rouvière ; toutes choses qu'il avoue dans son interrogatoire du 8 mars 1695. Il rejette l'assassinat sur ses compagnons, en particulier sur Languedoc, Colognac, les frères Plans, etc.

« A lui remontré que Languedoc n'y était pas, et qu'il paraît par les informations faites il y a trois ans que c'était lui qui répond qui y était, que Languedoc a dit qu'il avait une chemisette blanche et que Gervais lui a soutenu aussi. » Pas de réponse.

Pressé toujours par le juge, qui espère lui faire avouer son crime, comme il lui a fait avouer son nom et ses rapports avec Vivens, Papus rejette tout l'odieux de cet assassinat sur Vivens. Il est vrai, lui, La Rouvière savait qu'on devait assassiner Bagars : il n'a pu empêcher le crime.

Il aurait dû quitter Vivens « puisqu'il faisait faire des assassinats. »

Ecoutons la réponse de la Rouvière.

« A dit que Vivens leur faisait voir par l'Ecriture Sainte que l'on pouvait assassiner, leur disant des passages qui sont : il faut ôter les méchants du milieu de vous ; et, il faut que les méchants soient retranchés d'entre vous, ce que Vivens interprétait qu'il fallait les exterminer ; que Vivens leur disait aussi que si un loup venait pour dévorer le troupeau, il fallait tuer le loup. »

Jusque dans la question il nia avoir participé à l'assassinat. Il fut condamné à être rompu vif et exécuté à Montpellier le 8 mars 1695.

Les poésies de Papus de la Verdogie se ressentent du milieu où il a vécu, des espérances qu'il a conçues, des haines violentes qui peu à peu s'infiltraient dans l'âme protestante. Ce n'est plus le prophète mystique, comme Claude Menut, qui chante sa pénitence ou implore le secours d'en haut, c'est le prédicant qui, à la suite de Claude, clame sa diatribe

Louis XIV, et implore le secours de l'étranger. L'influence de Genève et de la Hollande est passée par là. Ce ton qui ne se rencontre pas dans les documents de 1686 à 1689, et qui ensuite devient le ton dominant nous permet de fixer l'époque de leur composition. Elles ont été composées au plus tôt en 1689, plus probablement en 1690.

Je ne parle pas évidemment des deux sonnets sur Schomberg, qui fut tué au combat de la Boyne en 1690, je parle surtout de la première de ces poésies où l'insulte à l'adresse de ce roi, jusque-là vénéré par les protestants, nous fait voir clairement qu'un nouveau sentiment est entré dans les âmes protestantes : la haine du Roi et de la France et l'espoir dans le secours de l'étranger.

I

Ton péché t'aveugle, Antiochus Romain
Repens-toi de bonne heure, ne renvoie à demain,
De ta méchante vie, dont la totale perte,
Dieu, le monde le voit, elle t'est toute ouverte.
Mais Dieu te bornera qui est juge sévère,
Et voit les cruautés qu'exerces sur la terre.
Dans l'histoire tu passes pour un Néron meurtrier,
Surpassant Pharaon qui périt dans la mer.
Tu règnes, tu es mort, et passes la rapine.
Par les prisons gibets, les chrétiens tu ruines
Mais Dieu te bornera, ne passeras plus outre :
Tous les persécuteurs Dieu les a tous en compte.
. . . . . . (Vers illisible) . . . . . .
Souviens-toi de ton (déchiré) dont a [déchiré]
Tu es toujours superbe un achab [déchiré],
Dieu vengera Jacob, David en fait [déchiré]
Mais fais comme Paul au chem [déchiré],
Quitte ton mauvais train, suis le de p [déchiré].

Quatrain sur le roi Jacques.

Il disparaît le monarque fuyard.
Encore un coup sans trompette il déloge,
Qu'on ne l'appelle plus le roi Jacques Stuart,
Il sera désormais nommé Jacques déloge.

Sixain sur M. le prince d'Orange.

Est-il mort, ce prince d'Orange ?
Tous les jours la nouvelle change.
L'un dit oui, l'autre dit non,
Aussi, ce qui me met en peine,
C'est de voir que ce capitaine
Est à l'épreuve du canon.

Sur la mort du prince d'Orange.

Qu'il soit mort ou qu'il soit en vie,
Son sort est très digne d'envie.
S'il est vivant, qu'il soit heureux ;
S'il est mort comme on le publie,
Est-il prince plus glorieux ?
Ce qu'on a fait le justifie.

Allez, monsieur l'ambassadeur,
Guillaume n'est pas mort, vous n'êtes qu'un menteur,
Mais, puisque sur sa mort vous fondez votre gloire,
   Comme il n'est pas dans le cercueil,
Et que de plus il a remporté la victoire,
Vous devez à présent vous revêtir de deuil.

   Sa prudence et sa valeur
   Sèment partout la terreur ;
   Une insolence publique
   A fait son panégyrique.
Tout Paris se déborde et rit du triste sort
   Du fier prince qui nous irrite ;
Pour moi, j'ai tant de joie en apprenant sa mort,
   Que je crains qu'il ne ressuscite.
   L'illustre Schomberg est mort.
   Le ciel a fini son sort ;
   Mais il est mort dans la gloire
   Pour revivre dans l'histoire.
   Jacques, le roi sans égal,
   A fui devant son rival,
   Pour une action si belle
   Jacques déloge on l'appelle.

Une pastorale au désert.

Après avoir longtemps folâtré sur l'herbette,
 N'oublions pas, Catin,
 Ce jour le plus badin,
 Qui te donne la follette.
 Permets que dans ton sein,
De temps en temps, j'y mette ma main.

Non, je ne puis, berger, te soulager ; je n'ose.
 Ces jeux ne sont jamais
 Sans risques ni dangers.
 Si aujourd'hui tu poses,
 Ta... (déchiré)..... sein
Tu voudras... (déchiré)... demain.

Schomberg vainqueur dans le tombeau

Sonnet.

Turenne sans combat finit par le canon ;
Condé durant la paix mourut de maladie.
Ces deux foudres de guerre avaient, par jalousie,
Combattu pour et contre, en blessant leur grand nom.

Le prince de Lorraine, d'immortel renom,
Vainquit le Turc, partout, devant Vienne, en Hongrie,
Et, surpris en chemin par une esquinancie,
Mourut subitement dans la belle saison.

Mais Schomberg, par un sort plus digne dans l'histoire,
En France, en Portugal, remporta la victoire
Et secourut Maestricht assiégé par Nassau ;

Et, voulant réparer l'affront fait à Guillaume ;
Il le fit triompher de royaume en royaume,
Et combattant pour lui vainqueur dans le tombeau.

Sonnet.

J'ai soumis à mes lois une triple couronne ;
Les solides vertus ont pour moi mille appas ;
Je cueille les lauriers que la victoire donne,
Sans faute et sans orgueil au milieu des combats.

Mes plus fiers ennemis n'ont plus rien qui m'étonne,
J'affronte les périls sans craindre le trépas.
L'Hibernois en frémit, le Gaulois en frissonne,
Et toute leur valeur ne me résiste pas.

Je soutiens l'innocent et punis le coupable
Et c'est injustement qu'un peuple misérable
Me met au rang affreux des cruels conquérants ;

D'une vaine terreur son âme est occupée,
Puisque le Dieu du ciel ne guide mon épée
Que pour briser des fers et punir les tyrans.

Toutes ces poésies se trouvent aux archives, liasse C. 174, dossier de la Rouvière.

A ce même groupe de poésies je joindrai la suivante. La cinquième strophe semble invoquer la date de sa composition : 1703 ou 1704, époque où, dans les Cévennes, les révoltés attendaient le secours tant de fois promis. Cette poésie nous permettra de juger l'évolution opérée dans l'âme protestante de 1686 à 1704 (Arch. de l'Hérault, fonds de l'évêché de Montpellier, série G, liasses n° 42 à 50).

Cantique.

O le Dieu fort, arbitre de la grâce [1],
Fais triompher les armes d'Angleterre.
Donne puissance et victoire à son Roi,
Défenseur de la divine loi.

Puisque c'est lui qui doit rompre la chaîne
Que nous portons dès longtemps avec peine,
Nous te prions de le favoriser
Par ton saint nom et de la terminer.

Que rien ne puisse arrêter ses conquêtes
Malgré l'effort des plus noires tempêtes ;
Soutiens son bras, de ta divine main
Pour accomplir son généreux dessein.

Calme les flots des armes agitées
Sous les vaisseaux, qui portent son armée ;
Que la tourmente agite les Français
Pour assurer la victoire aux Anglais.

[1] Ou de la guerre (l'original porte les deux textes).

Ferme les yeux, et trouble le courage
De ces marins, qui gardent le rivage
Pour empêcher nos chers libérateurs
De prendre bord pour vaincre nos vainqueurs.

Que tout respecte et craigne sa puissance :
Qu'il soit le fléau des papistes de France
Pour rétablir notre religion,
Et l'affranchir de leur opposition.

De là, dépend la paix de ton église,
Qu'un roi puissant tourmente et tyrannise ;
De là dépend la douce liberté
Que ton cher peuple attend de ta bonté.

Si tu lui fais remporter la victoire,
Nous bâtirons des temples à ta gloire
Pour célébrer ton nom, Saint des saints,
Sur les débris des temples des Romains.

JACQUES ROQUES

Jacques Roques sur qui fut trouvée, avec plusieurs sermons et écrits, la poésie suivante, était né à Cadérles, paroisse de Saint-Jean-du-Gard. Dans son interrogatoire du 23 juin 1687, il se dit âgé de trente ans environ, et être cardeur de son métier [1].

D'après cet interrogatoire du 23 juin, il avoue qu'il se sauva dans les bois lors des conversions générales et qu'il assista à beaucoup d'assemblées, en particulier à celle de la Bébe, en janvier 1686 ; à celle du moulin de Montvaillant, tenue vers le même temps, et aussi à celle de Lassalle où Teissier, le viguier de Durfort, parla.

On fit la cène à l'assemblée de la Bébe ou à celle de Montvaillant ; « il y fit, à ce qu'il croit, la fonction d'ancien, et jura, lorsqu'on lui donna cette qualité, de vivre et mourir dans le R. P. R. » ; il persiste dans ce sentiment.

Il nie avoir jamais prêché, et surtout avoir jamais eu un fusil si ce n'est « quelquefois allant à la chasse ».

[1] Il ne faut pas le confondre avec Henri Roques, âgé de 20 ans, lui aussi de Caderles, et Jacques Roques, rentier du moulin de Montvaillant, âgé de 60 ans. Tous les trois sont accusés dans le même procès.

Quand il fut arrêté à Sainte-Croix-de-Caderles, dans la grotte d'une maison, il « avait trois ou quatre balles de plomb, une pierre à fusil, et un couteau pour tirer du feu de la pierre ». Mais ces balles n'étaient pas pour mettre dans un fusil, mais bien « dans la bouche lorsqu'il marchait, parce qu'elles donnent de la fraîcheur dans la bouche ». Et encore à la fin de son interrogatoire il nie avoir eu de fusil depuis longtemps.

Comme il n'avait pas abjuré, il jure à la façon de ceux de la R. P. R.

Le même jour, 23 juin, il est confronté avec quatre témoins. Pierre Mélgues l'accuse d'avoir chanté les psaumes à l'assemblée, d'y avoir fait les fonctions d'ancien, et servi le ministre pendant la Cène : Jacques Roques avoue que c'est vrai.

Jacques Roques, le rentier du moulin de Montvaillant, l'accuse de l'avoir conduit à l'assemblée tenue près de son moulin : l'accusé le nie.

Boudon dit l'avoir vu avec un fusil ; la femme de Jacques Roques, le rentier, est moins affirmative ; elle dit avoir vu l'accusé avoir entre les mains, à l'assemblée de Montvaillant, « quelque chose qui ressemblait à un fusil ».

Roques avait été compagnon de Manoël que nous retrouverons ailleurs. Or, dans son dernier interrogatoire, 25 juin 1687, Manoël soutient, qu'à la dernière assemblée tenue, il y a un mois ou six semaines au plus, entre l'Aigoual et l'Esperon, il y avait des personnes armées de fusil, « qu'il y vit aussi Roques ».

Ce même jour, 25 juin, Roques soutient n'avoir jamais eu de fusil, et que l'assemblée entre l'Aigoual et l'Esperon a été tenue il y a trois ou quatre mois.

Je n'ai pas trouvé sa condamnation.

Arch., int. C. 166.

Le commencement de cette poésie a complètement disparu ; de la première strophe il ne reste plus que les trois vers suivants :

. . . .
. . . . . *vérité m'éclaire*
Car je m'assure en tout.....
Sur ton secours salutaire.

O Dieu de ma délivrance,
Souviens-toi de ta bonté,
Et de cette grâce immense
Qui dure à l'éternité.
Toi de qui je tiens le jour,
Grand Dieu rempli de sagesse,
Excuse par ton amour,
Les paroles de ma jeunesse.

Dieu seul est la droite voie,
Et nous conduit par la main ;
Au pécheur qui se fourvoie,
Il montre le droit chemin.
Pour le servir il fait choix
Des humbles dans leur misère,
Il fait connaître les lois
A tous les cœurs débonnaires.

Pause.

La vérité, la clémence
Sont les sentiers du Seigneur ;
Qui chemine en sa présence
Ne doit craindre aucun malheur.
Pour l'amour de ton saint nom,
[Et] la douleur qui m'accable
[Accor] de moi le pardon,
[De m]on crime épouvantable.

..... l'Eternel et l'écoute,
..... [c]œur soumis et pieux,
Celui qui montre la route,
Qui va de la terre aux cieux.
Les justes seront heureux,
Suivant ses lois d'âge en âge,
Et leurs enfants après eux,
Auront la terre en partage.

Dieu verse à tous les lumières
Du soleil également,
Il fait part de ses misères,
A ses élus seulement.
J'ai toujours les yeux sur toi,
Sur toi seul qui me délivres
Des rets tendus contre moi,
C'est toi seul qui me délivres.

Vois de ton trône suprême,
La grandeur de mon ennui,
Mon indigence est extrême,
Je suis seul et sans appui
Je sens croître ma douleur
Dans ma disgrâce imprévue,
Viens soutenir ma langueur,
De tout secours dépourvue.

Mon péché je le co [nfesse],
M'a causé tous mes [malheurs]
Mais pardonne à ma fa [iblesse],
Qui m'a coûté tant de [pleurs]
[De] mes ennemis jalou [x]
[Le] camp nombreux m' [environne],
Mais je les méprise tous
Avec toi rien ne m'étonne.

O Dieu garantis ma vie
Contre tant de conjurés,
J'espère, malgré l'envie,
De voir mes jours assurés,
Que ma seule intégrité
Soit ma garde et ma défense,
D'Israël par ta bonté,
Fais-moi voir la délivrance.

Arch., int., C. 166.

CHAPITRE III

BROUSSON

Le protestantisme ne peut pas produire un poète ; il produit un avocat. Brousson est, sans contredit, la plus belle figure de cette époque, et, malgré les fautes qu'il a commises, personne ne peut lui refuser un peu de sympathie.

Il individualise le protestantisme : dans sa longue carrière, il en suit toutes les évolutions. Il aime sa religion, mais pareil à ses coreligionnaires, il n'a pas la force d'âme de la confesser malgré tout. Il part pour l'exil. Il demande des martyrs et oublie de donner l'exemple : il part au moment où ses coreligionnaires auraient besoin de ses lumières.

Il rentre en France. Cette âme douce, mystique, a horreur du sang ; elle se rapproche plus des prophètes que des prédicants ; mais Brousson fait une mauvaise rencontre : il se fera l'ami de Vivens, qu'il appellera un jour un homme de sang. Le sang versé par cet homme néfaste retombera sur Brousson, qui s'oubliera jusqu'à écrire une lettre pour défendre les assassins de Lambert, le second consul d'Anduze.

Arrêté enfin, il comparaîtra devant Lamoignon ; et, jusque dans son dernier interrogatoire, il incarnera l'âme protestante, faite d'hésitations et de ruse, n'ayant pas le courage de confesser tout haut une faute qui, pour lui, aurait dû être un motif de gloire.

Les écrivains protestants saluent en lui le grand martyr. Aucun n'a mieux que lui mérité ce titre. Aussi est-ce avec beaucoup de peine et d'hésitations que j'écris ce chapitre. Je m'étais toujours senti attiré vers cette belle figure que je ne connaissais que par les récits des historiens protestants. J'avais admiré sa belle lettre à Louis XIV, publiée par Corbière, sa défense du crime de trahison devant Pinon, son éloquence venant d'une âme droite et sereine, que l'amour seul de la religion inspirait.

Autour de cette tête s'était formée une légende : je croyais que c'était le vrai Brousson. Et pourquoi ne l'aurais-je pas cru ? A chaque instant, Corbière citait les pièces du procès; et, sous un bagage documentaire que je croyais inattaquable, faisait de Brousson le grand martyr, l'apôtre de la tolérance et de la liberté de conscience.

Il y a peu à glaner sur cet homme, me disais-je. Aussi ce fut plutôt pour me délasser, pour éprouver le plaisir que l'on ressent toujours à lire les lettres autographes d'un homme célèbre que je demandai un jour son dossier.

Je touchai du doigt la façon dont on avait jusqu'alors écrit l'histoire. Un autre Brousson se révéla à moi, non celui de la légende, mais celui de l'histoire, avec ses haines contre le catholicisme, son ignorance incroyable de nos doctrines, son mysticisme. Ce n'était plus un avocat, ni un pasteur, c'était un prophète, un réformateur, je pourrais presque dire un fondateur de religion.

Et malgré tous ses talents, malgré son éloquence, il ne devait occuper que le second rang. Il aurait pu exercer dans les Cévennes une influence considérable : il aurait pu, lui, l'ancien avocat au parlement de Toulouse, consulté par toutes les églises, homme de science et d'éloquence, de paix surtout, organiser auprès de ses compatriotes cette résistance passive que nous constatons jusqu'en 1688, et qui donne aux protestants le beau rôle.

A son retour, cet avocat, devenu pasteur, rencontra sur sa route une pierre d'achoppement, l'homme criminel, Vivens, qui détourna à son profit le courant du prophétisme naissant, qui, bien nanti d'une pension payée par l'étranger, plaçait dans le secours humain, dans la révolte, dans le sang, la délivrance que les protestants attendaient du ciel.

Pauvre âme errante, recueillant avec soin tous les récits des prophètes, Brousson allait dans les Cévennes, dominé par Vivens, annihilé par lui, et laissait à chaque baume où il reposait sa tête de proscrit, à chaque rocher où il se blessait les pieds, un peu de son énergie et de son influence.

Que lui manqua-t-il pour dominer ses coreligionnaires ? Un autre milieu. Il se fit l'acolyte des assassins et des traîtres, et, de chute en chute, il en arriva lui-même à se faire leur apologiste. Dans ce pasteur, très zélé pour sa religion, il y eut toujours un avocat.

On me dira que j'ai la partie belle pour découronner tous ces héros, pour les faire apparaître tels qu'ils furent, pour faire revivre leurs vies. Je ne suis pas le premier à avoir fouillé et étudié ces documents. Pourquoi les a-t-on cachés ? Pourquoi ne pas dire toute la vérité ?[1]

Il est facile d'accoler à de Baville l'épithète de « farouche ». Je me demande quel juge aurait agi différemment, si un coupable, comme Brousson, avait jamais paru à sa barre, et si le juge avait pu lui mettre sous les yeux son propre crime écrit de sa propre main.

J'aurai à parler de Brousson bien souvent au cours de ces études sur la Révocation de l'édit de Nantes en Languedoc, en particulier dans le volume que je consacrerai aux prophètes, et dans celui que je consacrerai aux nouveaux convertis : je parlerai alors du prophète et de l'organisateur du culte.

Pour le moment voyons seulement le pasteur, le martyr.

Claude Brousson naquit à Nîmes. Dans son interrogatoire du 19 septembre 1698, il dit avoir 52 ans, donc il était né en 1646 (Arch. int. C. 191). Sa mère s'appelait Jeanne de Paradés, qui se convertit à la religion catholique — son mari devait être mort en 1685 — avec Marie Combelles, femme de Claude Brousson, et ses enfants. Tous faisaient bien leur devoir de catholiques (Arch. int. C. 299).

Claude Brousson fut avocat au parlement de Toulouse ou à la Chambre de l'édit pendant dix-sept ans. Il sortit de France avant l'édit de Révocation. En quelle année ? Il dit lui-même

---

[1] Corbière dans son *Histoire de l'Eglise réformée de Montpellier* n'a connu que la liasse C. 191. Cette liasse contient, en effet, le dossier de Brousson. Mais comme on va le voir il n'y a pas que cette liasse qui contienne des documents intéressants sur cet homme. De plus, comme je vais le démontrer, Corbière ne s'est pas donné la peine de lire attentivement toutes les pièces du dossier. Autre reproche. Corbière ne donne pas les références. Il est impossible de controler toutes ses assertions.

dans son interrogatoire du 19 septembre qu'il rentra en France en 1689, après sept ans d'absence, et qu'il « a fait la fonction de ministre durant environ dix ans ».

Ces deux dates ont leur importance. Brousson est rentré en France en juillet 1689 ; il est donc parti en 1683. C'est ce que d'ailleurs nous apprend la supplique de sa mère qui fixe le départ au mois d'octobre 1683 (Arch. int. C. 299). Corbière dit qu'il avait été pendu en effigie à Nîmes le 26 juin 1684 (*Hist. de l'Egl. Ref. de Montpellier*, p 303). Il se serait donc écoulé neuf mois entre le jugement et le départ : ce qui nous surprend, d'autant plus que sa mère n'y fait aucune allusion dans sa supplique ; bien plus, elle proteste contre la confiscation des biens de son fils « non atteint ni convaincu d'aucun crime ». Comment Jeanne de Paradès aurait-elle pu affirmer si explicitement l'innocence de son fils, si, trente mois avant que Lamoignon lui eût donné une provision de trois cents livres, elle avait vu pendre son fils en effigie sous ses yeux ?

C'est qu'en effet on a voulu attribuer à Brousson le principal rôle dans les événements qui se passèrent en Languedoc en 1683. Corbière lui fait même l'honneur d'avoir « conçu l'idée » de la réunion de Toulouse en 1683, réunion qui aurait mis Brousson en évidence et aurait motivé sa fuite. L'assemblée se serait même tenue dans sa maison.

Or, cette assertion est fausse. Qui devons-nous croire ? Brousson ou Corbière ?

Brousson n'était pas homme à fuir les responsabilités encourues. Son caractère était trop noble pour recourir au mensonge ou à des faux fuyants. Corbière n'avait qu'à lire son interrogatoire par Lamoignon le 31 octobre 1698. La voici (Arch. int. C. 191, 1er interrogatoire du 31 octobre).

« Interrogé de rechef pourquoi il sortit du Royaume en 1683 ;
« a dit qu'il sortit pour se mettre en repos.

« Interrogé s'il n'est pas vrai qu'il sortit en 1683 pour se mettre à couvert à cause qu'il avait eu part à l'assemblée que les ministres firent à Toulouse.

« a répondu qu'il n'a connaissance d'aucune assemblée de ministres, faite à Toulouse, et qu'à l'égard du conseil qu'il donnait aux députés des églises, en qualité de leur avocat ou défenseur, il a expliqué sa conduite ci-dessus [1].

---

[1] Ces mots « ci-dessus » se rapportent aux conseils que Brousson donna en 1683 aux pasteurs et aux délégués, j'ai cité plus haut (chap. I de cette

« Interrogé s'il n'était pas dans l'assemblée qui fut tenue à Toulouse pour résoudre de prêcher sur les ruines du temple de saint Hippolyte ;

« a dit qu'il n'a connaissance d'aucune assemblée où il ait été parlé en particulier de Saint Hippolyte, mais seulement de la résolution générale de faire connaître leurs sentiments à l'égard de la Religion en souffrant patiemment et comme des agneaux ainsi qu'il a été expliqué ci-dessus ».

Brousson nie donc toute participation à cette assemblée de Toulouse dont Corbière veut bien lui attribuer la paternité. Il nous dit qu'il sortit de France pour se reposer ; peut-être était-il découragé en voyant le peu de cas que l'on faisait de ses conseils, et prévoyait-il ce qui allait arriver [1].

Corbière dit que sa femme et son fils allèrent le rejoindre à Lausanne [2] : il a soin toujours de ne pas donner les références. La mère de Brousson dit au contraire dans sa supplique qu'elle a avec elle sa belle-fille et son petit-fils (Arch. int. C. 299).

Les biens de Brousson furent confisqués : ils furent estimés 6487 livres 9 sols (Arch. int. C. 314).

étude) ce passage de son interrogatoire. Brousson n'a jamais nié avoir donné ces conseils, et avoir rempli ce devoir de sa charge d'avocat. Lamoignon lui en fera un crime, et les fera figurer parmi les considérants du jugement qui condamnera Brousson à mort. L'histoire dira toujours que ces conseils, loin d'être un crime, sont au contraire à la louange du célèbre avocat.

[1] Brousson ne fixe pas l'époque où il donna ces conseils aux ministres. Il sortit de France en octobre 1683 : or, c'est en juillet qu'eurent lieu les troubles de Saint-Hippolyte. Brousson n'est donc parti que trois mois après. Aux archives de l'intendant (C. 191), il y a deux rapports sur cette affaire : ils furent probablement composés pour charger Brousson lors de son procès. Son nom n'y figure pas.

[2] Ce fut en juillet 1688 que la femme de Brousson alla le rejoindre. Elle avait donné 42 pistoles au guide Viane pour la conduire. Celui-ci fut arrêté au Pont Saint-Esprit. Probablement la mère de Brousson était avec sa belle fille (Arch. int. 167). Le nom de Jeanne de Paradès figure l'avant-dernier sur la liste des fugitifs de Nîmes dressée en 1688 (Arch. int. C. 314).

Corbière donne à Brousson un frère qui aurait eu une maison de commerce à Amsterdam : comme il ne donne pas de références, je n'ai pu contrôler. M. Gachon donne dans son livre les *Préliminaires de la Révocation* une liste des fugitifs de 1663 à 1683 : il y a un Brousson « avocat, un des boute-feux de la rébellion ». C'est sûrement Claude. Il y a des Brousson fugitifs, mais à Nîmes, il n'y en a qu'un : je le démontrerai dans mon étude sur les *Fugitifs* qui va bientôt paraître.

Il resta à l'étranger, en Suisse, pendant sept ans, depuis la fin octobre 1683, jusqu'au mois de juillet 1689 où il rentra en France : il composa quelques petits ouvrages pour la consolation de ses frères de la R. P. R. (Arch. int. C. 191).

Etait-il pasteur quand il fut demandé « par le peuple » et aussi par Vivens « qui avait reçu sa vocation du synode de Hollande ? » Corbière dit qu'il fut fait pasteur par Vivens et Gabriel. Brousson ne nous dit pas qui l'a fait pasteur, mais il dit qu'il le fut pendant dix ans environ. Il fut donc fait pasteur en 1689, et par conséquent, dès son arrivée en France. Il resta ainsi pendant quatre ans dans les Cévennes (Arch. int. C. 191).

En décembre 1693, il repassa en Suisse « de son propre mouvement », et son ministère fut approuvé et confirmé par une assemblée de pasteurs et de professeurs de Lausanne, ce qui semblerait confirmer l'opinion émise par Corbière qu'il avait été fait pasteur par Vivens. Il reste un an et demi en Hollande ; puis en décembre 1695, il rentre en France par l'Allemagne, les Ardennes, visite la Picardie, l'Ile de France, la Normandie, remonte la Loire, traverse le Nivernais, la Bourgogne, la Franche-Comté, distribuant partout la Cène et exerçant son ministère. Il pénètre en Suisse et retourne en Hollande où il demeure encore « un an ou environ ». Puis « pressé par sa conscience », il revient dans son pays, traverse l'Allemagne, la Suisse, la Franche-Comté et la Bourgogne. Le voici dans le Vivarais et le Dauphiné où les merveilles du prophétisme l'arrêtent ; il prend des notes sur ces faits extraordinaires, puis continue sa marche et vient évangéliser le bas Languedoc, les Cévennes, le Rouergue, le pays de Foix, le Bigorre et le Béarn où il est enfin arrêté (Arch. int. C. 191).

Sa tête avait été mise à prix. L'intendant de Languedoc donnait 5.000 livres à celui qui ferait prendre Brousson, par ordonnance du 26 juin 1693, et envoya partout son signalement : « taille moyenne et assez menue ; âgé de 44 ans ou environ ; nez grand, visage basané, cheveux noirs, mains assez belles, porte une perruque » (Arch. int. C. 191).

Dans le chapitre premier de cette étude j'ai rapporté les conseils que Brousson donnait en 1683 aux pasteurs et aux délégués des Eglises. Ce fut là, je le crois, la cause de sa dissension avec les pasteurs [1]. Brousson condamnait en 1683 toute tentative de révolte armée, comme il la condamna toujours pendant toute sa vie, quand, après les défaillances, son âme, imprégnée de justice, seule de nouveau avec elle-même, éloignée des influences malsaines, se rapprochait de nouveau de ce peuple meurtri, religieux, qui aimait ses prophètes, et plaçait en Dieu seul tout son espoir.

Son âme fut faible, et elle ne put toujours supporter avec héroïsme, soutenue par la grâce d'en haut, les privations nombreuses, les misères, les chagrins, les déceptions qui vinrent tour à tour l'assaillir.

Ecoutons-le. Claude semble bien pâle à côté des belles paroles de Brousson. Elargissez-en le cadre, généralisez et vous aurez un tableau fidèle de la situation de ces populations à cette époque, et vous comprendrez enfin comment, vaincu par les éléments humains, malgré ses appels réitérés au secours de Dieu, saturé d'amertume et de déboires, traqué comme une bête fauve, Brousson, comme le peuple, subit l'influence démoralisatrice des pasteurs.

Pinon, l'intendant de Béarn, lui a mis sous les yeux le plan d'invasion des Cévennes, écrit de sa propre main. Ecoutons sa défense.

« Quand même dans le trouble où lui répondant s'est trouvé réduit, continuellement poursuivi, à main armée, quoique tout le monde fut témoin de sa modération, lui répondant ne pouvant habiter ni dans les villes ni dans les villages, étant continuellement poursuivi, jusque dans les bois et dans les cavernes, en sorte qu'il s'est trouvé les trois mois entiers sans pouvoir entrer dans aucune maison ni nuit ni jour ; et quand, dans cette extrémité et dans ce trouble, il aurait eu le malheur, dans quelque moment, de prêter l'oreille aux

---

[1] La dissension que je dis avoir existé dès 1683 entre Brousson et les pasteurs est une opinion personnelle. A l'assemblée de Colognac, en 1683, les pasteurs protestèrent toujours de leur soumission au Roi : c'est vrai, mais il est sûr qu'il y avait des pasteurs dans les rangs des insurgés lors de l'affaire de Saint-Hippolyte ; que les pasteurs ont toujours combattu le prophétisme, et comme corollaire fait appel à la révolte armée, c'est-à-dire que loin d'écouter les conseils de Brousson, l'homme de la résistance passive, ils ont fait le contraire de ce qu'il leur a toujours prêché soit en 1683, soit en 1690 et jusqu'à sa mort. Le malheur de Brousson, je ne cesserai de le dire, est d'avoir trouvé sur sa route des pasteurs soudoyés et payés par l'étranger.

offres qui étaient alors faites aux Protestants des Cévennes par défunt M. de Schomberg, général des troupes du Roi de la Grande-Bretagne ou par ses autres officiers, de leur envoyer quelque secours pour leur procurer du soulagement, il serait dispensé se répondre sur ce sujet là par la paix de Ryswick » (Arch. int. C. 191).

Il est notoire, d'ailleurs, continue-t-il, « qu'il a toujours été animé d'un esprit de paix et de modération ; qu'il a toujours blâmé la conduite du sieur Vivens qui avait des intelligences avec le roi d'Angleterre par le moyen de ses officiers ou autres personnes interposées, qu'il a toujours empêché autant qu'il lui a été possible qu'il ne se commette aucune violence dans le pays, et qu'afin qu'il parut bien à tout le monde qu'il était ennemi des violences, il a marché durant plusieurs années dans ladite province de Languedoc sans aucune arme, quoiqu'il fût continuellement dans des dangers extrêmes d'être tué ; qu'il empêchait aussi qu'on ne portât aucune arme dans ses assemblées, en sorte que tout le peuple catholique Romain et des personnes même de première qualité lui ont rendu un témoignage public qu'il était entièrement opposé à toute sorte de violence et au dessein de troubler l'Etat » (Arch. int. C. 191).

Pinon n'aurait pas triomphé peut-être de Brousson. Cette éloquence sobre et forte dut le toucher. Il l'envoya à l'intendant de Languedoc.

Et ce fut un spectacle magnifique que ces deux hommes en présence l'un de l'autre. Jamais, dans le cours de sa longue carrière, Lamoignon n'avait eu pareil accusé à sa barre ; et, s'il triompha, s'il devait triompher parce qu'il avait pour lui le droit légal — force toujours un peu brutale — il ne put du moins faire tomber l'accusé dans la contradiction, ni lui enlever son honneur. Jusqu'au jour où il fut exécuté, Brousson fit entendre cette voix éloquente, qui s'était toujours consacrée à la défense de ses frères. Il se défendit avec l'énergie du désespoir pour sauver sa tête, avec une force logique, une sérénité d'âme, une clarté d'intelligence qui dut troubler Lamoignon. Il faudrait citer en entier ce fameux interrogatoire que Brousson subit dans la matinée du 31 octobre, interrompu jusqu'à trois fois, repris et continué incontinent, et qui montre, à travers l'aridité du procès-verbal, combien fut âpre la lutte entre ces deux intelligences.

Du côté de Lamoignon c'est la logique légale sèche, imperturbable, incisive, chicanière même; du côté de Brousson, c'est l'âme humaine défendant son droit, faisant tous ses efforts pour sortir de cette trame légale où l'intendant l'enserre sans pitié, usant lui aussi tous ses moyens de défense, s'appuyant sur le droit et la justice, supérieure aux lois, écouté attentivement par Lamoignon qui, sûr de sa victoire légale, donne à l'accusé tout le temps d'épuiser tous ses moyens de défense; puis, acculé, vaincu par ce subalterne du pouvoir royal, il espère, dans une dernière supplique au Roi lui-même, avouant presque son crime, moins grave que les apparences ne pourraient le faire croire, ayant au moins pour excuse devant les hommes, ses souffrances, ses persécutions, sa faiblesse de caractère devant les injonctions de Vivens, il espère, dis-je, toucher le Roi, et obtenir le pardon.

Pourquoi Lamoignon n'a-t-il pas fait parvenir à son adresse cette belle supplique? La mort de Brousson est une tache : on voudrait le pardon. Le Roi peut-être aurait été touché, comme il l'avait été quelques années auparavant par celle d'un autre pasteur, Raymond Bastide; et si le Roi avait été impitoyable, Lamoignon aurait du moins devant l'histoire moins de responsabilité.

Le coupable ce ne fut pas Lamoignon, du moins à mon avis : ce fut Remisse, le procureur du Roi, cet homme qui, avec Chazel, cet autre procureur du Roi au présidial de Nîmes, concluait toujours à la peine de mort, et qui, comme Barbara, Rouvière et tant d'autres juges, calculaient par le nombre de victimes leur droit à une récompense.

Brousson tombait sous le coup de l'arrêt du conseil du 6 février 1693, qui donnait à Lamoignon tout pouvoir pour juger en dernier ressort tout ministre qui serait arrêté.

De ce chef il ne pouvait y avoir le moindre doute sur le résultat de la procédure, mais Lamoignon a des preuves écrites. Brousson s'est compromis avec les ennemis de l'Etat. Il a été avocat-conseil des églises réformées avant sa première sortie du Royaume; puis il a écrit à Schomberg un plan d'invasion des Cévennes. L'écriture de Brousson, cette écriture fine, serrée, est assez connue de l'intendant : l'accusé ne peut nier.

Elle lui pèse sur la conscience cette faute que, dans un moment de faiblesse, il a commise; elle lui pèse autant que pèse sur le peuple tout entier le moment d'affolement qui a précédé et suivi immédiatement l'édit de Révocation. Comment lui, l'ancien avocat au parlement de Toulouse, qui a toujours conseillé à ses frères la résistance passive, la soumission au Roi, qui aime encore Louis XIV, qui même dans « un petit écrit qui fut communiqué aux plénipotentiaires des puissances protestantes » ne prétendait « s'engager en aucune manière à se départir jamais du respect, de l'obéissance et de la fidélité » que les protestants devaient à leur prince, comment, dis-je, dans un moment de faiblesse et de découragement, fut-il amené à traiter avec les ennemis de l'Etat (Arch. int. C. 194 : *Supplique au Roi*).

Il se réfugie toujours dans son interrogatoire derrière l'amnistie, enregistrée au parlement de Toulouse, et qui couvre toutes les fautes qu'il aurait pu commettre contre la sûreté de l'Etat. Puis, cette réserve faite sur la légitimité de la procédure, il ne refuse pas d'expliquer à Lamoignon sa conduite en 1683, quand il était encore avocat-conseil, paroles que j'ai citées dans le chapitre premier, et qui prouvent sa clairvoyance et sa soumission respectueuse envers le Roi, en même temps qu'une connaissance profonde de la situation religieuse des protestants (Arch. int. C. 191).

Il s'arrête et Lamoignon lui présente le fameux écrit à Schomberg : c'est là le point grave de toutes les accusations ; c'est autour de ce point que va se livrer la lutte entre Lamoignon et Brousson.

Cet écrit est-il de sa main ?

Il a répondu qu'il a déjà satisfait en partie sur ce sujet dans la procédure de M. l'Intendant de Béarn

« L'avons interpellé de rechef de déclarer précisément si cet écrit est de sa main ou s'il n'en est pas ? »

Il refuse encore de répondre, et se réfugie derrière la paix de Ryswick et la déclaration de Sa Majesté proclamant l'amnistie : « en conséquence de la dite paix, il ne peut être fait aucune recherche ni procédure pour un fait qui est incontestablement une des dépendances de la dite guerre terminée : c'est pourquoi le répondant ne croit pas être obligé de faire aucune réponse plus particulière sur ce sujet ».

C'est à ses juges, lui répond Lamoignon, qu'il appartient de juger de la valeur de sa défense : oui ou non, cet écrit est-il de sa main ?

« Il persiste dans sa précédente réponse, et néanmoins nous

supplie très humblement de lui permettre d'expliquer au long tout ce qu'il a à dire pour la justification de sa conduite sans se départir de la dite exemption. »

Et l'interrogatoire continue, malgré ce que dit Corbière. Lamoignon n'était pas homme à s'arrêter ainsi au milieu d'un interrogatoire pour donner du papier et une plume à l'accusé. Jamais juge en Languedoc, dans cette triste époque, ne fut plus respectueux des droits de la défense, mais ne fut aussi convaincu de la gravité de ses fonctions et de ses droits.

« Interrogé s'il a servi parmi les ennemis ;

« A répondu qu'il n'a jamais porté les armes dans les pays étrangers, mais qu'étant dans la province de Languedoc, il a été sollicité par M. de Schomberg, général des troupes du Roi de la Grande-Bretagne, de recevoir les troupes qu'il voulait envoyer dans la province, et qu'un homme exprès vint pour l'en solliciter. »

« Interrogé ce qu'il répondit à cet exprès ;

« A dit qu'il lui fit connaître qu'il souhaitait s'attacher uniquement à prier Dieu ; et quand même, dans le trouble et l'extrême danger où il se trouvait, il aurait, dans quelque moment, prêté l'oreille à ces sollicitations, la chose se trouverait terminée par la paix et par la déclaration de Sa Majesté. » L'exprès était Huc du Vigan, l'écrit était pour M. de Schomberg. Brousson savait que le billet avait été saisi sur l'envoyé ; il n'en a pas écrit d'autre.

« A lui représenté qu'il ne dit pas la vérité sur cela, puisque cet écrit commence par ces mots : *on ne peut s'empêcher de représenter de nouveau* : ce qui marque qu'il en avait écrit auparavant.

« A dit que ces mots sont relatifs au commerce que Vivens entretenait avec M. de Schomberg et autres officiers du Roi d'Angleterre ; que c'était même le dit Vivens qui avait composé le dit billet ; mais qu'enfin s'agissant d'une dépendance de la guerre terminée par la paix de Ryswick, il persiste dans son exception et proteste avec un profond respect de la nullité de la procédure.

« Interrogé pour la quatrième et dernière fois de déclarer si cet écrit ou lettre est de sa main ou non :

« A dit qu'il persiste dans ses précédentes réponses. »

Lecture faite a persisté et signé (*suivent les trois signatures*).

« Et de rechef interrogé où il allait quand il a été arrêté et quel dessein il avait.

« A dit que son dessein était de travailler au salut de ses frères partout où la providence divine l'avait conduit, mais que, considérant que, depuis quelques mois, les choses semblaient se disposer à quelque nouvelle guerre, son dessein était de sortir d'abord du Royaume, afin qu'on ne crut pas qu'il y fût venu pour y causer du trouble. »

Lecture faite a persisté et signé.

Avant la signature de Brousson, l'original porte ce mot écrit de sa main et rayé : *Je déclare*.

Pour la troisième fois l'interrogatoire reprend :

« Interrogé de rechef pourquoi il sortit du Royaume en 1683 », partie de l'interrogatoire que j'ai cité plus haut en entier jusqu'à la fin.

Lecture faite a persisté et signé.

Brousson min. de l'Evangile. Delamoignon.

Lesellier (*greffier*).

Et aussitôt après on peut lire dans l'original ces lignes.

« Et en signant le dit interrogatoire, le dit accusé nous a requis de lui donner du papier et de l'encre pour dresser une requête qui contiendra plus amplement les défenses et raisons de sa conduite.

Lecture faite a persisté et signé (*suivent les trois signatures* [1].

Brousson refuse donc de répondre à l'intendant sur cette question si grave qui constitue pour lui un acte de trahison envers la sûreté de l'Etat. Il ne nie pas non plus : l'écrit est de sa main. Mais quel en est l'auteur ?

Dans sa lettre à Louis XIV, Brousson est plus explicite. D'une manière générale il ne fait que reproduire ses réponses aux deux intendants de Béarn et de Languedoc. Voici le passage important de cette longue requête.

« Il est vrai, Sire, que dans la suite, le suppliant, dont la

---

[1] Comment expliquer maintenant cette phrase de Corbière : « Lorsque M. de Basville fut arrivé à ce chef d'accusation, Brousson demanda du papier, la séance fut *suspendue*, et l'inculpé écrivit au roi la lettre suivante... » Si Corbière s'était donné la peine de copier l'interrogatoire de Brousson, il n'aurait pas écrit cette phrase. *Hist. de l'Eglise réf. de Montpellier*, p. 309.

modération était connue de tout le peuple, étant pourtant continuellement cherché dans les villes et dans les villages, et poursuivi même nuit et jour dans les bois et dans les cavernes, où il était contraint de se retirer, en sorte qu'il a passé les trois mois entiers sans pouvoir entrer dans aucune maison, ni nuit ni jour, feu M. de Schomberg fils, qui commandait alors les troupes du roi d'Angleterre en Piémont, et qui était informé par le dit Vivens de l'état où les réformés des Cévennes se trouvaient réduits, envoya au suppliant et au dit Vivens aussi le nommé Huc de Vigan, qui servait dans les dites troupes, et qui fut ensuite tué à la bataille de la Marsaille, pour leur faire savoir que sa Majesté Britannique était dans le dessein de leur envoyer des troupes pour leur procurer quelque repos.

« Le suppliant, sire, fit connaître au dit Huc que son intention était de s'appliquer uniquement à prier Dieu. Cependant on prétend que le suppliant, qui avait toujours la mort devant les yeux et qui souffrait continuellement des misères, des fatigues, des troubles et des afflictions qui peut-être n'ont jamais eu d'exemple depuis que Dieu a une Eglise sur la terre, troublé par la présence du danger et par tant de calamités, se laissa enfin aller aux semonces du dit Vivens et à celles de M. de Schomberg, et qu'il écrivit de sa propre main au dit sieur de Schomberg, un billet que le dit Vivens avait déjà tracé, et par lequel il lui marquait le moyen par lequel il pouvait envoyer quelques troupes dans les Cévennes : lequel billet fut intercepté et n'eut point d'effet » (Arch. int. C. 191).

Est-ce là un aveu complet et franc ? Je ne le crois pas. Reprenons cette dernière phrase et débarrassons-la des propositions accidentelles : « on *prétend* que le suppliant... se laissa aller, etc... « Brousson ne se dit pas coupable : il se sent sous le coup d'une grave accusation : il est un accusé qui cherche à sauver encore sa tête.

Quel jour a-t-il composé cette supplique? Ce fut le 31 octobre. Or, de ce jour jusqu'au 4 novembre, jour de son exécution, il ne fut plus question entre lui et Lamoignon de cet écrit. Il subit encore un interrogatoire le 31 octobre sur les assemblées qu'il avait faites ; puis deux autres interrogatoires le 2 novembre, sur les assemblées et sur ses écrits, en particulier sur le fanatisme qu'il est accusé de vouloir activer.

Ce n'est enfin que le 4 novembre, dans l'interrogatoire qui précéda immédiatement la question et la mise à mort, qu'il dit encore que Vivens composa le billet et qu'il l'écrivit, et encore une fois l'accusé en appelle au traité de Ryswick (Arch. int. C. 191).

Une question pourrait se poser ici : Est-il possible que Brousson, dans cette circonstance, n'ait été que le secrétaire de Vivens? Brousson l'affirme et je le crois, et je ne veux nullement charger sa mémoire. Pourtant nous avons bien le droit de lui demander pourquoi tant d'hésitations à avouer un acte dont il n'est pas le principal coupable, pourquoi il n'a pas voulu répondre à une demande quatre fois réitérée de l'intendant : pourquoi jusque dans sa supplique du Roi il écrit : *on prétend*, pour dire ensuite, le 4 novembre, que c'est Vivens qui a composé la lettre et que c'est lui qui l'a écrite [1].

---

[1] S'il y a un homme, dans cette longue liste de victimes, pour qui j'ai éprouvé de la sympathie, c'est sûrement Brousson, et quiconque se donnera la peine de lire et de copier les interrogatoires qu'il subit, soit devant Pinon, soit devant Lamoignon, partagera certainement mon sentiment.

Mais la sympathie que j'éprouve pour cet homme ne m'empêchera pas de dire sur lui la vérité aussi entière que je la connais. Nous retrouverons un jour Brousson, soit comme fanatique, soit comme *fondateur* de religion.

Avant moi deux historiens ont écrit sur Brousson, d'après les pièces du dossier, ce sont Brueys et Corbière.

Ce premier qui était contemporain, qui peut-être avait vu le supplice de Brousson, ne mérite aucune créance, et je ne crois pas qu'il ait lu les pièces du dossier.

Le second a pris dans le dossier les pièces à sa convenance, pour défendre sa thèse, et, dans sa réfutation de Brueys, nous fournit un exemple de sa manière d'écrire l'histoire.

Qu'on me permette de citer Corbière (*Histoire de l'Église réformée de Montpellier* ed. 1861, p. 328). « Oui, historien (Brueys), la Providence qui déjoue le mensonge nous a conservé le dossier du procès de Brousson ; et ce dossier, contraire à la fiction que la passion vous a inspirée, nous le présentons devant votre œuvre mensongère, et il retombe sur votre mémoire comme une accusation indélébile d'imposture. En votre personne, cette sentence de l'Ecriture s'accomplit. Vous êtes traité comme vous avez voulu traiter les autres. »

Et ensuite, après avoir réfuté les erreurs de Brueys et avec raison, pour la plupart, il ajoute :

Faut-il dire maintenant l'appréciation que Brueys fait du caractère de Brousson ? « C'était un fou, un séditieux qui tout fou et fanatique qu'il était, avait été regardé par la plupart des religionnaires comme un exemple de sagesse et de vertu. Ce qu'il y a de plus étonnant encore, c'est qu'après sa mort il se trouva des écrivains aussi fous que lui, qui, NE SACHANT PAS CE

Pas plus que les gens du peuple, Brousson n'a apporté devant les juges cette force de caractère, qui revendique hautement sa part de responsabilité, ce courage qui fait mépriser tous les ordres humains pour obéir à la conscience et à Dieu. Sa supplique à Louis XIV m'étonne : un coupable seul demande grâce ; un coupable seul se jette au pied du trône du roi « pour réclamer sa clémence et ses compassions ».

Pourquoi aussi vouloir en faire un héros et un martyr ; que lui manqua-t-il pour supporter les misères, les persécutions ? il lui manqua justement ce qui fait le martyr, ce qui manqua au peuple : ce secours d'en haut qui rehausse le caractère, qui fait l'âme se réjouir dans la tribulation, qui la rend invincible malgré toutes les misères et les privations, parce qu'elle lutte pour la vérité. C'est en vain que Brousson, c'est

QUI S'ÉTAIT PASSÉ A SON JUGEMENT (c'est Corbière qui met en petites capitales) ne se firent pas scrupule de mettre au rang des martyrs ce criminel convaincu. La populace et les imbéciles des religionnaires continuèrent à l'admirer ». On trouvera ces belles choses dans l'ouvrage déjà cité, tome II, aux pages 84 à 86.

J'ai sous les yeux l'édition citée par Corbière (*Montpellier*, 1709, et à la page 84, 3ᵉ ligne, je lis :

« Il est surprenant que cet homme, tout fol et tout séditieux qu'il estoit, ait néanmoins esté regardé pendant sa vie par la plupart des religionnaires comme un exemple de sagesse ou de vertu ; mais ce qu'il y a de plus étonnant, c'est qu'il trouva encore, après sa mort, des écrivains aussi fols que lui, qui, ne sçachant pas ce qui s'estoit passé à son jugement ne firent pas scrupule de le mettre au rang de leurs Prophètes et de leurs Martirs, et de répandre par tout des Écrits qui portaient pour titre : *Le glorieux martire de M. Brousson.*

« Ce fut dans une *lettre adressée aux Fidelles du Languedoc*, et imprimée à la Haye en 1699, qu'on osa qualifier de ce nom honorable le juste supplice de ce criminel convaincu. La populace et les imbéciles des Religionnaires en furent éblouis et continuèrent à l'admirer ; mais ceux qui avoient veu et ouï ce qui s'étoit passé dans la Chambre du Conseil, quand il fut jugé, détrompèrent les gens censez, ses Amis, ses Parents mesmes, qui, perdant la bonne opinion qu'ils avaient eue de lui, se contentèrent de le plaindre, et de déplorer son malheur. »

Brueys dit que ce fut seulement le 4 novembre que Lamoignon présenta à Brousson le fameux écrit adressé à Schomberg. C'est inexact. L'interrogatoire du 4 novembre qui précéda immédiatement la mise à la question, comme pour tous les accusés, ne fut pas fait par Lamoignon. Brueys dit ensuite que ce jour-là seulement, Brousson avoua son crime. N'est-ce pas exact, comme je l'ai dit?

Quant au jugement de Brueys sur Brousson, — le mot fol ne signifie pas fou, comme le traduit Corbière — je crois que beaucoup se rangeront de son avis et se contenteront « de le plaindre et de déplorer son malheur ».

en vain que ce peuple fît entendre ses supplications dans le désert, en distribuant ou en prenant la Cène, vers le Dieu qui avait abandonné Sion.

Il fut vaincu par l'excès des privations, il succomba, là où aurait succombé tout homme n'ayant que ses propres forces, là où aurait triomphé un martyr.

Qui aurait le courage de lui jeter la pierre ? Il nous est un exemple de ce que devient un homme d'une haute intelligence, d'une éloquence magnifique, d'un grand cœur même sur qui les éléments humains reprennent tout empire ; on croyait trouver un héros, et nous trouvons un homme qui, avec tous ses talents, se laisse dominer, entraîner vers l'abîme par l'homme néfaste de cette époque, par Vivens, le salarié de l'étranger, qui éleva l'assassinat à la hauteur d'une doctrine.

Je l'ai déjà dit et je le répète : il serait profondément injuste, à mon avis, de faire retomber sur le protestantisme français les excès qui suivirent la Révocation de l'édit de Nantes. Le peuple, de 1686 à 1688, 1690 même si l'on veut — mais c'est la date extrême — pensait comme Brousson. Ils avaient la haine de l'Eglise romaine, haine faite de préjugés et d'ignorance : ils se défendirent contre les soldats du Roi les armes à la main ; qui peut leur en faire un crime ? mais dans ces premières années, il ne coula dans les Cévennes que le sang des dragons.

Le peuple attendait son salut d'en haut : le prophète, comme Brousson, ne demandait qu'à prier, et personne ne songeait à la révolte.

Ça durera trois ans, disait le peuple. Trois ans, répétaient le prophète et le poète ; mais au bout de trois ans ce ne fut pas le salut, ce furent les pasteurs qui rentrèrent de l'étranger, et annihilèrent ce courant de prophétisme, qui, s'il ne faisait pas des héros et des martyrs des protestants, en faisait des victimes intéressantes.

Vivens se fit le théoricien de l'assassinat. J'ai dit plus haut sur quels textes de l'Ecriture il s'appuyait pour formuler sa monstrueuse doctrine. Il lui fallait un avocat pour adoucir ce qu'il y avait de trop grossier dans son formulaire, et cet avocat fut encore le pauvre Brousson !

Comment cet homme s'oublia-t-il à ce point ? Comment lui, l'homme de la douceur, de la paix, de la soumission, qui a défendu toujours, dans les assemblées qu'il a faites, de porter des armes, se fit-il le compagnon et l'ami de Vivens ? Je l'attribue à son caractère indécis. Brousson n'était pas taillé pour être un chef : il avait besoin d'être au second rang.

Comment cette analogie nouvelle entre Brousson et le peuple n'a-t-elle pas été jusqu'ici mise en évidence ? Quelle fut la part de Brousson dans la série des assassinats qui, à partir de 1690, commencèrent à répandre la terreur dans les Cévennes ?

Je l'ai dit et j'insiste à dessein sur ce point. Jusqu'en 1689, je n'ai pas trouvé aux archives trace d'une animosité quelconque des nouveaux convertis contre le clergé des campagnes.

C'est Brousson qui, le premier, a attisé cette haine, qui même l'a créée de toutes pièces. Le 1ᵉʳ octobre 1689, dans une lettre à Lamoignon, il écrit [1] :

« Il n'y a que peu de temps qu'on prit la liberté d'écrire à Votre Grandeur pour lui faire savoir que dans ce pays les prêtres ne s'occupent qu'à inquiéter le peuple et à le désespérer, que sur les moindres prétextes ils se font donner des soldats pour forcer indirectement les gens d'aller à la messe ou pour faire des recherches dès qu'on s'assemble pour prier Dieu ou pour se saisir de tous ceux qu'il plaît à ces messieurs ou pour faire tirer sur eux, ou pour mettre chez eux les soldats à discrétion ; que par ce moyen le peuple est incessamment dans le trouble ; que les uns sont ruinés, les autres ne peuvent pas compter sur ce qui leur reste ; qu'ils ont tous un déplaisir mortel d'avoir été forcés d'abjurer leur religion, sans parler de tous les maux que les ecclésiastiques leur ont déjà fait souffrir et qui ne peuvent que les avoir extrêmement irrités » (Arch. int. C. 191).

Toutes les fois que Brousson parle de l'Eglise Romaine ou du clergé catholique, l'équilibre de ses facultés se rompt, et

[1] Le premier prêtre dont j'ai retrouvé l'assassinat fut Réfrigier, prieur de Peyrolles : il fut tué le 5 novembre 1689. Il paraît que Vivens l'aurait pris pour le prieur de Saint-Jean-de-Gardonnenque. On trouva encore quelques pièces d'or sur le cadavre : il fut tué vers les cinq heures du soir (Arch. int. G. 169) ; or, il importe de remarquer que Brousson est rentré en France en juillet 1689, que vers la même époque Vivens était revenu de Hollande, payé par l'étranger.

sa douceur fait place à une haine violente [1]. La vérité historique lui importe peu. Ce Brousson était resté inconnu. Il proteste à chaque instant de son esprit de douceur, de son amour de la paix et nous allons le voir, ami de Vivens, compromettre sa réputation.

Dois-je aller aussi loin que quelques contemporains — Brueys par exemple — qui veulent le faire complice des assassinats commis par Vivens ou ses séides ?

Selon la règle que je me suis fixée, je laisserai parler le document.

Henri Pourtal (ou Portal) était l'ami, sinon le domestique de Brousson. Le 19 mai 1691, le sieur Vernède, curé de Saint-Marcel-de-Fonfouillouse, venait de Nant avec quelques maçons qui lui bâtissaient une maison. Trois hommes l'arrêtèrent en route et le tuèrent ; son clerc réussit à s'échapper. Puis les trois assassins acculèrent les maçons contre un rocher, leur demandèrent s'il n'y avait pas parmi eux un ancien catholique. Sur la réponse négative des maçons — l'un d'eux nommé Combemale était ancien catholique — ils leur dirent qu'ils étaient des traîtres d'avoir laissé échappé le clerc, et qu'ils voulaient tuer tous les prêtres et anciens catholiques.

Les nouveaux convertis qui déposèrent à l'enquête (18 juin 1691) ne nous disent pas pourquoi les assassins tuèrent ce curé (Arch. int. C. 173).

Le 2 juin 1696, Henri Portal est arrêté à Nîmes. Il était de

---

[1] Voici un exemple de la manière dont Brousson parle de l'Eglise romaine.

« Nous sommes persuadés que le chef de cette Eglise corrompue est le grand Antéchrist qui devait venir au monde, c'est-à-dire le grand usurpateur des titres, des droits et doctrine de Jésus-Christ, le grand ennemi de sa doctrine et le grand oppresseur de son corps mystique. Nous ne pouvons nous étendre sur cette matière dans un petit écrit où nous cherchons la brièveté. Nous dirons seulement que nous sommes persuadés que ce faux pasteur et persécuteur cruel et sanguinaire est la bête féroce de l'Apocalypse qui est toujours altérée du sang des fidèles, qui porte des noms de blasphème, car entre plusieurs autres titres blasphématoires qu'elle s'attribue, elle se fait appeler Dieu, la Divine Majesté (*De la vraie doctrine protestante*, § VII) : et dans le même manuscrit, § VI : Elle (l'Eglise) adore même religieusement un homme mortel qui est le Pape, idole vivante de cette église corrompue ».

Brousson qui toujours invoque l'irrévocabilité de l'Edit de Nantes aurait dû l'observer (voir en particulier art. 17 et 21). En 1600, cette page aurait amené Brousson devant les tribunaux de son pays.

Saumane, près Lasalle, âgé d'environ trente ans, et n'avait « d'autre profession que de prier Dieu ». Grande taille, vêtu de gris, cheveux plats et châtains, visage marqué de petite vérole (Arch. int. C. 173).

Ce qui nous intéresse en ce moment, c'est son interrogatoire du 14 juin 1696. Il y avoue ses relations avec Vivens et Brousson. Puis le juge aborde de suite le sujet le plus important : l'assassinat du curé de Saint-Marcel. Brousson y a-t-il assisté ? N'est-ce pas lui, Henri Portal, qui l'a tué, et lui a tiré un coup de pistolet pendant que le curé était tenu couché par terre ? (Arch. int. C. 173).

Portal le nie, et ignore si Vivens est coupable de ce meurtre. Quand le curé de Saint-Marcel fut tué, lui, Portal, était du côté d'Uzès. Les témoins de l'assassinat le reconnaissent pourtant, et disent que c'est bien lui qui a tiré le coup de pistolet sur le curé couché par terre.

Le juge n'insiste pas davantage, mais dans l'interrogatoire du 22 juin, il y revient, et ici je tiens à citer le document.

Il nie toute participation à l'assassinat de Vernède. Etant sur l'Aigoual « au commencement du printemps » avec Brousson et Vivens, par conséquent quelque temps avant la mort du curé de Saint-Marcel, Brousson dit à Vivens qu'il était un homme de sang et le quitta, et descendit du côté d'Uzès avec Portal (Arch. int. C. 173).

« A lui remontré qu'il est vrai que Brousson tint ce discours à Vivens, mais que le sieur Vernède était déjà tué.

« A dit que c'était au commencement du printemps et qu'ils étaient alors séparés de Vivens.

« A lui remontré qu'il est certain qu'il a été avec Vivens et Brousson dans le lieu où l'action a été commise et dans ce temps même, le curé ayant été tué le 19 mai 1691.

« A dit qu'il n'a point été à l'assassinat

« Interrogé s'il n'a pas dit que Languedoc avait eu les pistolets du curé de Saint-Marcel

« A dit qu'il a dit que c'était la Rouvière qui les avait.

« A lui remontré qu'il a dit qu'il ne connaissait pas la Rouvière.

« A dit qu'il n'a jamais été dans aucun assassinat ».

La parole de Brousson à Vivens qu'il était un homme de sang est historique ; mais pour que Brousson cinglât la figure de son ami de cette épithète, il fallait bien qu'il redoutât de voir tôt ou tard un peu de ce sang rejaillir sur lui-même et entacher sa réputation.

Une chose seulement nous étonne. C'est que Brousson ait continué à entretenir un commerce d'amitié avec Henri Portal, l'assassin de Vernède. C'est qu'il l'ait gardé auprès de lui. Il n'ignorait pas, il ne pouvait pas ignorer la part principale que son domestique avait eue dans le drame du 19 mai 1691, et que tous les témoins de la mort du curé lui reprochèrent. Brousson était présent aussi sur les lieux, et quelques gouttes de sang du curé de Saint-Marcel ont rejailli sur lui.

Quinze mois plus tard, le 23 novembre 1692, une autre victime tombait sous les coups des disciples de Vivens : cette fois c'était le second consul d'Anduze, nommé Lambert.

Voici les faits tels qu'on peut les lire dans l'enquête que fit Daudé, juge du Vigan, le 29 novembre de la même année.

Le premier consul, François Coste, dépose qu'à 6 heures du soir il reçut de M. Chantereine, gouverneur d'Alais, une lettre dans laquelle il l'informait que deux femmes s'étaient échappées des prisons d'Alais, et que l'une d'elles, nommée Vigne, de la paroisse de Générargues, logeait à Anduze chez la nommée Lissourguesse. Le gouverneur d'Alais priait en même temps le premier consul de faire fouiller cette maison.

Aussitôt qu'il eut reçu cette lettre, il la communiqua à Lambert, second consul et, en même temps, lieutenant de bourgeoisie. Celui-ci fait aussitôt fermer les portes de la ville et fait rassembler les soldats. Vers les sept heures du soir, il va à la maison de Lissourguesse pour exécuter l'ordre donné. Il reçoit un coup de poignard dans le ventre devant la maison et tombe comme une masse. Le premier consul accourt, fait rechercher l'assassin, mais en vain. Les scellés sont mis sur les meubles, la propriétaire étant partie ; le 25 on fouille, et on trouve deux petits billets signés Julien ; ce dernier était à Anduze le jour du crime, et était en rapport avec les prédicants (Arch. int. C. 172).

Lambert laissait une veuve et deux enfants. Le roi leur fit accorder une indemnité.

A la nouvelle de ce crime, se réveille chez Brousson l'ancien avocat ; dans un passage même de sa lettre il sent le besoin de se disculper, comme si le sang de Lambert avait taché ses mains : et il écrit aussitôt à l'Intendant [1] une lettre que je tiens à citer tout entière (Arch. int. C. 191).

« Monseigneur

« Après que j'ai eu fermé et envoyé le paquet que je prends la liberté d'adresser à Votre Excellence, j'ai appris que l'on tâchait de nous rendre fort odieux à la cour au sujet de la mort du sieur Lambert, l'un des consuls d'Anduze. Mais, premièrement, il ne serait pas juste d'imputer à plusieurs innocents la faute d'un seul homme qui est coupable. Secondement, il serait à souhaiter qu'il fut le bon plaisir du Roi d'ordonner à Messieurs les marquis d'Anduse et de Tornac, qui sont des gentilshommes d'honneur et qui étaient bien informés de la vie du défunt, de dire quel homme c'était ; car nous sommes persuadés qu'ils n'en rendraient pas un bon témoignage. En effet, Monseigneur, c'était un homme sans jugement, sans conscience, ardent pour la proie, vivant de cela, renieur et blasphémateur du saint nom de Dieu. Un tel consul n'était pas fort propre pour donner de bons exemples au peuple. Il n'y a pas longtemps qu'un des principaux seigneurs qui sont revêtus de l'autorité publique dans cette province disait en parlant de cet homme : Nous savons bien que c'est un coquin, mais nous en avons besoin. C'était l'homme du jésuite Ribot, fameux persécuteur qui, en divers temps, fit pendre dans Anduze plusieurs personnes qu'on accusait seulement d'avoir été dans les saintes assemblées pour prier Dieu et qui mourut ensuite désespéré ayant toujours devant les yeux des hommes pendus. Il y a deux ans que ce même Lambert, ayant pris quelques personnes, qui étaient aussi soupçonnées de venir d'une assemblée, et parmi lesquelles était sa cousine germaine, une des plus honnêtes filles de ce pays-là, il dit à M. l'Intendant : Monseigneur, il faut que ma cousine germaine soit pendue la première. Mais M. l'Intendant lui dit qu'on ne faisait plus pendre les gens pour avoir été dans les assemblées. Quelque temps après, ayant découvert, dans une caverne, un pauvre homme, nommé Poujol, âgé d'environ cinquante ans, qui, depuis le commencement

[1] Cette lettre ne porte pas d'adresse. Il semble d'après le conteste qu'elle a dû plutôt être adressée à un ministre de Louis XIV, lequel l'aura fait parvenir à Lamoignon. Brousson a envoyé à plusieurs reprises des supplices à la cour.

de nos troubles, était dans les déserts, dont la femme avait été envoyée dans l'Amérique, qui avait ramassé quelques livres pour les lire dans sa solitude, et qui faisait quelquefois la prière avec ceux qui avaient la charité de lui apporter à manger, mais qui ne se mêlait pas de prêcher au peuple ; lorsque ce pauvre homme voulut fuir, il lui tira un coup de fusil à balle, et, l'ayant blessé, il le prit et le fit condamner aux galères où il est mort[1]. C'était là le métier de cet indigne consul. Comme il était misérable, il ne songeait qu'à chercher quelque pauvre fidèle pour le saisir et pour vendre le sang innocent, afin de vivre du salaire de l'iniquité. Mais enfin Dieu, qui, par sa sage providence, conduit tous les événements du monde, a permis qu'il ait péri en faisant ce malheureux métier. Car la grande envie qu'il avait de recevoir seul la récompense de la capture d'un jeune homme fugitif, qui était dans la maison d'une veuve, fut cause qu'il y alla seul pour le prendre. Ce jeune homme le voyant sur la porte fit effort pour sortir, et, comme Lambert le suivit et qu'il commença à appeler quelque soldat de milice, le jeune homme, qui avait quelque couteau à la main, le menaça de le tuer, s'il ne le laissait aller ; il lui scia même la main avec le couteau ; et, voyant qu'il ne voulait pas le lâcher, et que le danger était grand pour lui, il lui donna dans le ventre et le tua. C'est ainsi que cela nous a été attesté par des gens d'honneur qui étaient à Anduze quand cela arriva. Cependant ceux qui ne pensent qu'à irriter Sa Majesté contre nous, lui parlent de cette action comme d'une affaire extrêmement grave. Quelques jours même après que cela fut arrivé il y eut un de ces semeurs de fausses nouvelles qui, venant d'Anduze et étant arrivé dans un lieu où j'étais, dit à une personne qui me le rapporta, que c'était moi avec deux autres qui étions

---

[1] On peut lire aux archives de l'intendance (C. 171) l'interrogatoire de ce Poujol, né à Montdardier. Il n'avait pas toujours été dans le désert puisque pendant deux mois il avait gardé les vignes de Mlle de Broussou, près de Nîmes. Ce Poujol n'était pas dans une caverne, mais dans une hutte qu'il s'était bâtie dans un bois proche Blanas. C'est là qu'il habita « jusques aujourd'hui qu'il a été capturé, ne connaissant pas les personnes qui l'ont capturé et l'ont mené dans les présentes prisons ».

Il fut arrêté le dimanche 25 février 1691. Ce qui m'étonne, c'est : 1° que personne, ni le juge Pascal, ni l'accusé ne fassent allusion à la blessure reçue ; 2° que s'il avait reçu une balle il ait pu subir un aussi long interrogatoire de 14 pages (Arch. int. C. 171).

dans la chambre de cette veuve, et que Lambert m'ayant voulu saisir comme le plus apparent des trois, je l'avais tué. Cependant je prends Dieu à témoin que lorsque cela arriva, j'étais fort loin d'Anduze, aussi loin que l'homme qui m'accompagne et qui est un homme sage et craignant Dieu. Je prends même Dieu à témoin qu'il y a plus de dix ans que je n'ai été dans Anduze. Aussi je ne crois qu'on ait osé m'accuser en écrivant à la cour; d'autant plus que tout le monde sait que je suis ennemi des violences et que je ne fais mal à personne. Je sais bien que Jésus-Christ avait dit à ses disciples de prendre des épées pour la conservation de leur propre vie, mais par ce que j'ai vu, par ce dernier et malheureux temps, on prétend qu'on a le droit de nous massacrer lorsque nous prions Dieu, et que nous ne devons pas défendre nos propres vies, je marche avec mon homme sans fusils, ni pistolets, ni épées, ni aucunes autres armes, ne mettant notre confiance qu'en notre innocence, en la justice de notre cause, en la miséricorde et en la justice de notre Dieu.

« Ce sont les choses, Monseigneur, que nous vous supplions très humblement de vouloir représenter à Sa Majesté ; je vous supplie aussi de vouloir être persuadé que je suis, etc.

« CLAUDE BROUSSON.

serviteur de Dieu et fidèle ministre de sa parole : »

(sans date ni lieu).

Il y a dans cette lettre des erreurs nombreuses et qui nous surprennent sous la plume de Brousson.

Je ne relèverai pas ce qu'il dit sur le Père Ribot, qui ne mérite pas l'honneur d'une réfutation.

Deux choses seulement méritent de fixer notre attention dans cette lettre : son récit de la mort de Lambert et ce qu'il dit sur son compagnon.

J'ai raconté plus haut la mort de Lambert. Ce ne fut pas pour arrêter un jeune homme, ni pour vendre le sang innocent, que le second consul fut tué. L'ordre d'arrêter la fugitive lui fut intimé vers les six heures par le premier consul : il fut tué à sept heures. Une heure s'écoule donc entre l'ordre et l'exécution. Il n'avait pas non plus envie de recevoir seul la récompense, puisqu'il appela à lui les soldats de bourgeoisie, et ceux-ci, loin de secourir leur chef, obligèrent au contraire le fils de Lambert à lâcher l'assassin qu'il avait arrêté. Brousson a donc été très mal renseigné sur ce drame, et je me demande dès lors, ce que valent les arguments de cet ancien avocat. Le jeune homme qui tua Lambert n'était pas dans un cas de légitime défense ; sa liberté n'était pas menacée. Ce n'était pas lui que Lambert avait ordre d'arrêter. Le second consul d'Anduze fut assassiné dans un guet-apens par la complicité des soldats de bourgeoisie.

Ce qu'il importe surtout de remarquer dans cette lettre, c'est ce que Brousson dit sur son compagnon, qui n'est autre que Henri Portal dont j'ai rapporté plus haut l'interrogatoire et qui fut livré aux bourreaux avec cet écriteau sur sa poitrine : assassin.

Brousson ne pouvait ignorer la part que son compagnon avait prise à l'assassinat de Vernède. Comment a-t-il pu dire de lui que c'est « un homme sage et craignant Dieu ». Et à la fin : « Je marche avec mon homme sans fusils, ni pistolets ni épées, ni aucune autre arme, ne mettant notre confiance qu'en notre innocence, en la justice de notre cause, en la miséricorde et en la justice de notre Dieu. »

Brousson fut condamné à mort, le 4 novembre 1698, soumis à la question le même jour et exécuté. La pièce du jugement ne figure plus au dossier. Corbière l'a publié d'après un placard imprimé que lui avait fourni le presteur Auzière.

Des nombreux considérants qui sont dans cette pièce, je n'en retiendrai que deux ou trois.

Vu « la déclaration du Roi du 1er juillet 1686, portant que les ministres de la R. P. R., tant français qu'étrangers, qui reviendront dans le Royaume seront punis de la peine de mort... Interrogatoire prêté par devant nous par le dit Brousson, le 31 octobre dernier, dans lequel il a reconnu être le principal auteur des troubles arrivés en 1683 dans le Languedoc[1]... Notre procès-verbal du 31 octobre portant nomina-

---

[1] Il semblerait qu'il y a contradiction entre ce que j'ai dit plus haut sur la participation de Brousson aux événements de 1683 et le jugement que cite Corbière. La contradiction n'existe pas.

Dans les considérants du jugement, l'intendant ne parle pas de l'assemblée de Toulouse tenue en 1683 dont Corbière, comme je l'ai dit, veut attribuer la paternité à Brousson.

Ce que Lamoignon reproche à l'accusé, et dont il fait maintenant un motif de son accusation, ce sont les conseils que Brousson donna en 1683 aux pasteurs et aux délégués des Églises réformées et qui prêchaient la résis-

Les poètes cévenols 4

tion d'experts pour procéder à la vérification d'un projet écrit de la main de Brousson, pour faire entrer des troupes étrangères dans la province et par lui envoyé en Piémont, marquant tous les endroits par où elles pouvaient passer, et qualifiant d'ennemis les sujets du Roi... plusieurs lettres pastorales et autres écrits séditieux de la main du dit Brousson pour exciter les assemblées, et porter les peuples à contrevenir en toutes choses aux ordres du Roi. Divers cahiers écrits de la main du dit Brousson, par lesquels il paraît qu'il a fait tout ce qu'il a pu pour faire revivre le fanatisme dans le Vivarais... » pour tous ces motifs, Claude Brousson était condamné à être rompu vif sur la place de Montpellier ; jugement qui fut exécuté le même jour 4 novembre 1698.

Quelques années auparavant, un autre pasteur avait été condamné à mort. Raymond Bastide adressa une requête au Roi, et la requête parvint à destination. Pourquoi pour Brousson n'a-t-on pas usé de la même mesure.

Je l'ai dit : la mort de Brousson est une tache. Il était coupable. Il semble pourtant qu'en présence de ce caractère, de cette éloquence, Lamoignon eut dû s'attendrir et user de ses grands pouvoirs. Il aurait pu du moins faire parvenir au Roi la supplique de l'accusé, et ne pas lui refuser ce dernier droit dans sa défense.

Jusqu'à la fin de sa vie il personnifia ce peuple qu'il avait tant aimé, auquel il tâchait d'inoculer un peu de vertu en lui prêchant la parole sainte. Mais la parole de Dieu n'avait pas d'effet.

Désemparé, battu par tous les vents, poursuivi, traqué, il dut bien des fois, en reposant sa tête sur un roc de nos montagnes, faire un retour sur lui-même, sur son abaissement, sur ses humiliations. Comment cette âme mystique, pétrie de douceur, alla-t-elle se fourvoyer avec les Vivens, les Portal et tant d'autres dont les mains dégouttantes de sang se posèrent dans les siennes en signe d'amitié ? Comment cette âme, toujours dévouée et soumise à son Roi, voulant toujours rester française, fut-elle amenée à cet acte de tra-

tance passive aux ordres du Roi. Brousson a toujours nié avoir pris aucune part à cette assemblée ; mais jusque dans sa supplique au Roi il a toujours avoué qu'il était partisan, en 1683, de la résistance aux ordres du Roi, et de la nécessité pour tous les Réformés de prouver au Roi, par la mort même, si c'était nécessaire, leur attachement à leur Religion.

hison qui fut une des principales causes de sa condamnation. Comment enfin cette belle intelligence qui sondait si bien, dès 1683, l'avenir si sombre qui était réservé à ses coreligionnaires, fut-elle obscurcie à ce point par sa haine, qu'elle ignore les premiers éléments de la religion catholique qu'il veut réfuter et que ses écrits deviennent des pamphlets ?

Il manqua à Brousson ce qui manqua au peuple à cette époque : le caractère, la foi ardente, et surtout le secours d'en haut qui donne au témoin de la vérité le courage et la force de tout souffrir pour la confesser.

Il demande des martyrs et il fuit à l'étranger, l'un des premiers, deux ans avant l'édit de Révocation ; il demande des martyrs, et quand sa tête est mise à prix, il fuit encore à l'étranger ; il demande des martyrs, et quand il se trouve en face de Lamoignon, quand enfin il va pouvoir montrer à ses coreligionnaires comment meurt un serviteur de la parole de Dieu il se jette aux pieds de Louis XIV et implore son pardon !

Et quand on fait appel aux documents contemporains, on le voit entouré d'hommes de sang... son ami ! l'ami de son cœur, Henri Portal, est condamné comme un assassin et un voleur de grand chemin, et la lettre que deux ou trois mois auparavant Brousson lui a écrite, dans laquelle il l'appelle « mon cher frère », servira aux experts en écriture pour identifier les autres pièces

Quand on étudie cette époque il semble, à certains moments, que l'on va se trouver en face de quelque chose de grand et d'héroïque ; on sent dans ce peuple des désirs d'élancements ; son âme est fatiguée de sa faiblesse, de sa pusillanimité. Elle voudrait faire quelque chose, et après un coup d'aile vers le ciel où Dieu, est sourd à sa voix, elle retombe dans son incapacité.

De ce peuple de victimes que nous ne plaindrons jamais assez, n'est pas sorti un caractère, un homme sans reproches que nous puissions montrer à l'admiration de la postérité. Nous sommes en présence d'un néant.

A quelque point de vue que vous vous placiez, considérez-le sur toutes ses faces, ce peuple vous apparaîtra frappé de stérilité ; les quelques poésies échappées au naufrage diront sa stérilité intellectuelle, et Brousson, son grand avocat, son grand martyr, sa stérilité morale.

PIÈCES JUSTIFICATIVES

SUPPLIQUE DE LA MÈRE DE CLAUDE BROUSSON A L'INTENDANT

Supplie humblement demoiselle Jeanne de Paradès, veuve du sieur Brousson, habitante à la ville de Nîmes et vous remontre très humblement que sur la fin du mois d'octobre 1683, M. Claude Brousson son fils, docteur et avocat, non atteint ni convaincu d'aucun crime, s'en alla hors du Royaume ; et quoique ce fut bien avant les défenses d'en sortir, néanmoins le sieur Théodore Coupy, se servant de l'ordonnance par vous, Monseigneur, donnée le 16 février dernier contre les fugitifs de la R. P. R., a fait saisir non seulement les biens qui peuvent appartenir audit Brousson et que la suppliante lui a donnés, mais aussi les biens propres de la suppliante qui se trouve réduite, avec la famille dudit Brousson qu'elle a sur les bras et de ses autres enfants, dans la dernière misère ; et d'autant, Monseigneur, que ledit Brousson est sorti du Royaume longtemps avant les défenses, et qu'il n'est pas juste que, sous prétexte de son absence, la suppliante, à qui les biens dudit Brousson sont affectés et hypothéqués pour des sommes considérables et à ses enfants pour la somme de 15.000 livres de la dot de Marie Combelles, leur mère, et qui font bien leur devoir, en souffrent et soient réduits à la mendicité par le trouble que les séquestres établis lui donnent, elle a recours à ce qu'il vous plaise, Monseigneur, vu les pièces cy attachées lui accorder la main levée des biens, fruits, rentes et revenus pour les appliquer à son entretènement et de la famille qu'elle a sur les bras, au paiement des tailles, ou en tout cas lui adjuger 800 livres de provision, attendu que sa dot est considérable, avec défense aux séquestres de lui donner trouble, à peine de 500 livres d'amende ; et la suppliante priera Dieu pour votre santé et prospérité, et ferez justice.

Nous ordonnons que, sur les fruits et revenus des biens, il sera payé à ladite veuve Brousson la somme de 300 livres de provision par le sieur Coupy, commissaire, par nous nommé. Fait à Nîmes le 27 juillet 1686.

DELAMOIGNON.

et plus bas : par Monseigneur.

LESELLIER.

Extrait de l'original pour ladite demoiselle et a signé :

AUBANEL, notaire.

En marge et de la main de la mère de Brousson.

J'ai l'original en mon pouvoir.

JEANNE DE PARADÈS.

Reçu écrit en entier de la main de la mère de Brousson.

Je, soussignée, confesse avoir reçu de M. Chazel, procureur du Roi, la somme de 118 livres en déduction de la provisionnelle de 300 livres à moi accordée par l'ordonnance ci-dessus, savoir : 18 livres en compensation du bail que j'ai pris sur la maison du sieur Brousson mon fils, le 5 septembre 1686, et 100 livres aussi en compensation du bail que j'ai pris sur les autres biens de mondit fils, le 9 août 1687, de laquelle somme de 118 livres je le tiens quitte sans prétendre de surplus de ladite provisionnelle. Fait à Nîmes le 28 décembre 1687.

JEANNE DE PARADÈS.

Lettre de Brousson à Portal.

Je ne doute pas, mon cher frère, que vous ne soyez fort en peine de ce que vous n'avez point reçu de mes nouvelles depuis longtemps ; mais c'est que Dieu me fait la grâce de m'employer à consoler ailleurs son église désolée. Quoique je ne fusse pas en repos dans le pays d'où je vous ai quelque fois écrit, et que je n'y fusse peut-être pas entièrement inutile, mon esprit y a été dans de si grandes inquiétudes, que j'ai été de nouveau contraint de visiter le peuple de Dieu qui est dans l'affliction. C'est donc ici le huitième mois que Dieu a voulu que j'aie de nouveau mis la main à l'œuvre et je puis dire que Dieu répand une grande bénédiction sur mon travail. Je ne suis plus fixé dans un certain pays ; je marche toujours, et il y a bien peu d'Eglises que je ne visite, et que je ne console. Je suis maintenant dans une province où j'ai déjà fait trente-quatre ou trente-cinq assemblées ; mais comme le peuple souhaite partout la communion, ce ne sont partout qu'assemblées de cette nature où le peuple paraît être fort consolé. En général, j'ai moi-même la consolation de voir que presque partout sur cent personnes qui étaient tombées, à peine y en a-t-il une seule qui persévère dans son péché ou qui n'y renonce pour jamais dès qu'elle a entendu la parole de Dieu. Je vois maintenant l'accomplissement de ce que j'avais dit plusieurs fois dans les quartiers où vous êtes, lorsque je voyais l'endurcissement d'une grande partie de ceux qui y venaient entendre la parole de Dieu. C'est que j'espérais que Dieu me ferait la grâce de m'employer à prêcher sa parole dans d'autres lieux où elle ferait plus de fruits et où je recevrais plus de consolation. En effet, partout où le Seigneur me fait maintenant la grâce de passer, je vois que sa parole est reçue avec un zèle admirable et une entière obéissance de foi. Priez le Seigneur, mon cher frère, qu'il lui plaise de me conduire toujours par sa sagesse, de me fortifier de plus en plus par son esprit, et de bénir de plus en plus mon ministère. Je lui demande sans cesse les mêmes grâces pour vous et pour tous mes autres frères, qui travaillent avec vous à l'œuvre du Seigneur. Je vous prie de les saluer tous de ma part, et tous nos autres frères et sœurs. J'ai longtemps hésité si je devais vous faire savoir mes occupations présentes, craignant que cela étant divulgué n'irrite ceux qui nous affligent injustement ; mais enfin j'ai cru que je devais vous le faire savoir pour votre édification et pour votre consolation. Je crois pourtant qu'il est bon de garder le silence sur ce sujet autant qu'il sera possible : je vous recommande tous au Seigneur et à la p[aro]le de Dieu.

Arch. int., c. 191.

Condamnation de Henry Portal.

Nicolas de Lamoignon, etc.

Entre le Procureur du Roi demandeur et accusateur de crime d'assemblée illicite, d'assassinat commis en la personne de feu sieur Vernède curé de Saint-Marcel-de-Fonfouillouse et de vol sur le grand chemin, d'une part.

Et Henry Portal du lieu de Saumane, accusé et défendeur d'autre.

Veu, etc...

Nous, de l'avis des dits sieurs Présidiaux par jugement en dernier ressort et sans appel déclarons ledit Henry Portal dument atteint et convaincu d'avoir assassiné ledit Vernède, curé de Saint-Marcel-de-Fonfouillouse, et de l'avoir volé sur le grand chemin, comme aussi d'avoir tenu des assemblées illicites, pour raison de quoi, condamnons ledit Henri Portal à être rompu vif sur un échafaud qui sera à cet effet dressé sur la place publique, son corps mis sur une roue pour y finir ses jours, auquel lieu il y sera conduit ayant deux écriteaux devant et derrière avec ces mots : prédicant et assassin ; déclarons tous ses biens acquis et confisqués au Roi, après avoir été préalablement appliqué à la question pour avoir révélation de ses complices. Et sera le présent jugement exécuté nonobstant oppositions et autres empêchements quelconques et sans y déférer. Fait à Montpellier le 22 juin 1696.

Signé : Delamoignon.

Eustache, président et juge mage ; Casseirol, lieutenant général criminel ; Demontaigne, lieutenant principal ; Joubert, Patris, Méjan, Loys, rapporteur, Duvidal, Chauvet.

Fait et exécuté ledit jour.

Lesellier, greffier, *signe*.

Pour copie dont j'ai l'original, fait à Montpellier le 4 octobre 1691.

Delamoignon.

Par Monseigneur,

Lesellier.

L'original se trouve dans la même liasse.

TABLE DES MATIÈRES

Préface. 5

Chapitre premier. — Pusillanimité des protestants. — Une cause de l'édit de révocation : Brousson, Devèze, Bastide et Dumas. — Poète : Leur influence religieuse. — Valeur historique de ces poésies. — Pas de martyrs, pas de poètes 11

Chapitre II. — Deux poésies sur la démolition du temple de Montpellier. — Colognac, dit Dauphine, ses poésies. — Claude Menut de Marvéjols, ses poésies. — Entretien d'un curé, d'un capucin et d'un nouveau converti. — Pierre Papus de la Verdogie, dit Olivier, dit la Rouvière, ses poésies. — Jacques Roques, ses poésies . . . 49

    Deux poésies sur la démolition du temple de Montpellier . . . 49
    Colignac, dit Dauphiné 51
    Claude Menut de Marvejols 55
    Entretien d'un curé, d'un capucin, et un nouveau converti qui a été envoyé aux Iles 64
    Pierre Papus de la Verdogie, dit Olivier, dit la Rouvière 67
    Jacques Roques 74

Chapitre III. — Brousson 78

Pièces Justificatives 104

SAINT-AMAND (CHER). — IMP. BUSSIÈRE

Original en couleur

NF Z 43-120-8

www.ingramcontent.com/pod-product-compliance
Lightning Source LLC
Chambersburg PA
CBHW070531100426
42743CB00010B/2040